信長を殺した男 明智光秀の真実

跡部蛮

本徳寺が所蔵する日本で唯一の明智光秀の肖像画

ビジネス社

はじめに

二〇二〇年、東京五輪の年のNHK大河ドラマは「麒麟がくる」。謀叛人《むほんにん》の明智光秀を「麒麟《きりん》」（王が仁政をおこなう際に現れる聖なる獣）に見立てることに、歴史ファンからは「大河ドラマがついに掟《おきて》を破った！」と早くも話題になっている。〝永遠の敵《かたき》役《やく》〟といえる武将を東京五輪という節目の年の主役に抜擢《ばってき》したからである。

NHKが掟を破った理由を考えるといくつか思い当たる節がある。まず、光秀が愛妻家であったこと。光秀は生涯、熈子《ひろこ》と呼ばれる正室だけを愛したとされる。二〇一四年のNHK大河ドラマ『軍師官兵衛』の主役、黒田如水《じょすい》もそうだった。夫婦愛をテーマにしたホームドラマという展開が予想される。

もう一つ、NHKのホームページを読んで気づいたのは、東京五輪後に日本がどうなるのか不透明な現代と一六世紀を重ね合わせ、同じように未来が見えなかった時代の青春群像を描こうとしていることだ。ただ、それなら何も〝永遠の敵役〟を主人公にする必要はない。織田信長や豊臣秀吉には〝手垢《てあか》〟がついているから、これまで正面きって取り扱わなかった〝新鮮な光秀〟を抜擢した意図もわかるような気がする。だが、それより大きいのは、光秀が「謎の武将」だからであろう。NHKのホームページにこうある。

『若き頃、下剋上《げこくじょう》の代名詞・美濃の斎藤道三を主君として勇猛果敢に戦場をかけぬけ、その教えを胸に、やがて織田信長の盟友となり、多くの群雄と天下をめぐって争う智将・明智光秀。「麒麟がくる」では謎めいた光秀の前半生（傍点は筆者）に光を当て、彼の生涯を中心に、戦国の英傑たちの運命の行く末を描きます』

たしかに、光秀の前半生については何一つわからないというのが現状だ。しかし、その謎に迫る手段はいくつかある。したがって本書では、謎多き光秀の前半生にスポットをあて、かなりのページを割いている。

そして光秀というと、やはり本能寺の変。光秀が信長を弑逆《しいぎゃく》した動機をめぐって百花《ひゃっか》繚乱《りょうらん》し、その真相はいまだ多くの謎につつまれている。本書では流布されている諸説を比較検討し、そこに筆者の新解釈をおりまぜて真相へいたる道筋を示したつもりである。

本書は光秀にまつわる五〇の「謎」を解き明かすという形式をとりつつ、前半生はもちろん、光秀の生涯を追った歴史読み物である。大河ドラマに登場するであろう「脇役」たちにも焦点をあてたつもりである。もちろん、しっかりした歴史史料を典拠にしているものの、ガチガチの論を展開しているわけではない。読者のみなさんに、楽しみながらそれぞれの謎解きの醍醐味を味わっていただけたなら――かつ、本書を読み終えてこれまでの光秀像とはちがう人物像を思い描いていただけたなら、筆者としてそれ以上の喜びはない。

跡部蛮

第一章 なぜ「本能寺の変」は起きたのか
――武田信玄から探る新解釈

第二章 謎だらけの「前半生」——真実はどれだ！

第三章 織田家「家臣」時代の実像
――信長との本当の関係から人脈、人望まで

第一章

なぜ「本能寺の変」は起きたのか

――武田信玄から探る新解釈

謎01 百花繚乱の「諸説」を整理する!

明智光秀が織田信長を討った理由については「諸説」咲き乱れて収拾がつかない状況になっている。本能寺の変の検証前に、まず「諸説」を整理してみよう。といっても、各説を紹介するだけでこの章を終えてしまうほど膨大な数になる。かいつまむと、次の三説に分類できる。

①光秀が単独で謀叛に及んだ(単独犯説)

②別の主犯が存在し、光秀はその〝真犯人〟の操り人形だったとする説(真犯人存在説)

③主犯は光秀ながら事件の背後に光秀を後押しする黒幕がいた(黒幕存在説)

この三説にも動機ごとにまたいくつかの「諸説」にわけられる。

まず《単独犯説》では光秀が信長を恨みに思ったという「怨恨説」、光秀が織田に代わる〝明智の天下〟を狙った「野望説」、光秀が精神的に病んでいた「ノイローゼ説」、正義感から専制君主の信長を討たなければならないと思った「使命説」のほかにも多くの説が存在する。

《真犯人存在説》ではタイミングよく中国大返しに成功して天下を掌中にした「羽柴秀吉主犯説」、秀吉のみならず主犯は複数いるという「真犯人複数説」などがある。

《黒幕存在説》の黒幕候補も複数存在するが、代表的なものを挙げると「足利義昭《よしあき》（幕府）黒幕説」「イエズス会黒幕説」「朝廷黒幕説」。メインではないものの、「徳川家康黒幕説」もある。

以上のうち、古典的な動機は《単独犯説》の「怨恨説」だろう。丹波八上城（兵庫県篠山市）の波多野《はたの》秀治《ひではる》・秀尚《ひでひさ》兄弟の処分をめぐって信長が光秀の母を犠牲にしたことを恨んだという話（詳細は後述）、信州諏訪の法花寺での理不尽な信長の行いに腹を立てたという話（同）、安土城内で信長が光秀を足蹴にしたという話まである。よくいわれるのは、家康の饗応《きょうおう》役であった光秀が不手際を信長に糾弾され、その役を免じられたことに恨みを抱いたという話だろう。

しかし、信長と光秀の蜜月関係（同）からすると「怨恨説」を素直には受け入れられない。次に「野望説」も古典的な動機の一つだが、後述する理由で認めがたい。「使命説」の根拠の一つとなるのが比叡山延暦寺の焼き討ちだが、光秀も「撫で斬り」にする意思をみせており（同）、いわば信長と〝同じ穴のむじな〟。しかも焼き討ちは、当時信長に敵対していた浅井・朝倉勢を匿わないよう頭を下げていたにもかかわらず、延暦寺が聞く耳をもたず、その報いを受けた面は否めない（同）。

一方、《真犯人存在説》は魅力的な説だが、それより《黒幕存在説》を支持したい。「諸説」の中で勢力を増してきた「四国説」も基本的には《黒幕存在説》に含まれると考えている。

本能寺の変の諸説を検証しながら、真相に迫ってみたいと思う。

謎02 ありそうでなさそうな「イエズス会陰謀説」

ヨーロッパ諸国の中でもっとも早く日本にやって来たのは、種子島に鉄砲をもたらしたポルトガル。そのポルトガルはイエズス会のスポンサーでもあった。イエズス会は、宗教改革によって生まれた新教（プロテスタント）に対抗すべく、世界中でカトリックの教えを広めていた。『日本史』の著書を残したイエズス会の宣教師ルイス・フロイスもポルトガル人だ。

織田信長がポルトガルとのいわゆる南蛮貿易を積極的におこない、そのために耶蘇《やそ》教（カトリック）を保護し、安土城下の土地を彼らに提供して、セミナリオ（神学校）の開設まで認めている。こうして信長がイエズス会を庇護していたのは事実だ。「イエズス会陰謀説」というのは、この両者の関係に注目した説だ。「イエズス会が信長を支援して全国制覇させ、南蛮勢力が日本をカトリック教国化して軍事征服しようとしたものの、信長が自己を神格化してイエズス会から離反。イエズス会にとって危険な存在に映り出したため、信長の消去を考えた。結果、朝廷に働きかけて光秀に信長を殺させた」というのが主な趣旨だ。たしかに話としては面白い。また、ありそうな話でもある。ただ、イエズス会が本当に信長を支援していたかどうか、信長がイエズス会から離反しようとしていたかどうかという問題もさることながら、そもそもイエズス会ないしスポンサーのポルトガルに日本を軍事占領する野望があったのだろうか。その野望がないとしたら、この説は成り立たなくなる。その線から攻めてみよう。

まず、一五八〇年一月にポルトガル国王エンリケ一世が死去すると、スペイン国王のフェリペ二世が三万の軍勢を率い、首都リスボンに入って、そのままポルトガルの王座についた。スペインがポルトガルを併合したのである。こうしてアジアへの進出でポルトガルに遅れをとっていたスペインは一気に巻き返すことになるが、ポルトガルの支援を受けていたイエズス会もスペインに乗り換えざるをえなくなる。

したがってここからは「イエズス会＝スペイン」の野望として考えなければならない。当時のスペインはアメリカ大陸にも植民地をもち、「陽の沈まぬ国」と呼ばれていた。たしかに征服欲が旺盛な時代だ。そのスペインはまず中国（明王朝）を飲みこもうとした。ポルトガル併合の翌年、イエズス会の巡察師ヴァリニャーノはスペインの使者として安土城で信長に会い、本国から中国まで大軍を送ることができないスペインに代わり、明国征服のための軍勢を出すよう要求したという。ところが信長はこの要請を突っぱねた（安部龍太郎著『信長はなぜ葬られたのか』）。要求を蹴られたスペインとイエズス会が〝信長消去〟を考えた可能性はなくはないものの、ヴァリニャーノが信長に明への出兵をうながした確固たる史料はない。

本能寺の変後になると、スペインが日本に明の征服への協力を求め、やがて日本そのものを征服しようとする野望がいくつかの史料で確認できる。たとえば、豊臣秀吉が天正一三年（一五八五）に関白となる少し前、イエズス会の日本準管区長コエリョは、日本へのスペイン艦隊派遣を求め、その結果、日本人すべてがキリスト教に改宗したら、「フェリペ国王は日本人のように好戦的で怜悧な兵隊をえて、一層容易にシナ（中国）を征服することができるだろう」と述べている。さらに秀吉が死去した後の慶長四年（一五九九）二月になると、ペドロ・デ・ラ・クルスというイエズス会士が同会の総長に宛て、「（スペイン）国王陛下が決意されるなら、わが軍は大挙してこの国を襲うことができよう」と述べている。スペインとイエズス会が日本の軍事占領を狙っていたことをうかがわせる史料である。

しかし、それは信長が本能寺で殺された後の秀吉の時代になってから。信長が生きていた時代、史料からはイエズス会の野望は片鱗《へんりん》もうかがえない。ヴァリニャーノは本能寺の変から五ヶ月ほどたったころ、イエズス会総長宛てに山積する問題点を挙げているが、それは宣教師の著しい不足を嘆いてみたり、イエズス会内部で日本人修道士とヨーロッパ人宣教師の対立に頭を悩ませてみたりという組織運営上の問題が中心だった。

つまり秀吉の時代ならまだしも、信長の時代に「イエズス会陰謀説（黒幕説）」は成り立たない。

安土城天主閣址

織田信長公の
肖像画
（天童市
三寶寺蔵）

安土城城下にあったセミナリヨ跡

天主閣址近辺から
琵琶湖方面を臨む

謎03

義昭をいまだ「上様」と呼ぶ光秀とその「復権計画」

二〇一七年九月一二日に毎日新聞が《明智光秀密書の原本発見　本能寺の変直後、反信長派へ》という見出しで、光秀が天正一〇年（一五八二）六月一二日、すなわち本能寺の変の一〇日後に土橋重治《つちはししげはる》へ宛てた直筆の密書の存在を報じた。

この密書は和歌山県内で伝えられ、京都府の古書店に渡った後、美濃加茂市内の篤志家が入手して「美濃加茂市民ミュージアム」に寄贈したと、藤田達生《たつお》三重大学教授が発表した。ただし、この密書の写しは「東京大学史料編纂所」に所蔵され、藤田氏自身、二〇一〇年に翻刻刊行している（『証言本能寺の変　史料で読む戦国史』）。その写しの原本が二〇一七年になって発見されたわけだが、原本は密書形式になっていた。あらためて本能寺の変後の緊迫した情勢が察せられる。藤田氏は、信長に追放された将軍足利義昭と光秀が通じていたことを示す内容の密書だとしている。

まず密書の宛名である土橋重治はどんな武将なのだろうか。土橋は紀州雑賀《さいか》（和歌山市）の地侍集団のリーダーである。紀州雑賀といえば、雑賀孫市《まごいち》こと鈴木孫一で知られる雑賀衆の地元である。信長は大坂石山の本願寺総攻撃に失敗し、本願寺軍の主力である雑賀衆の地元を大軍で攻めたものの、孫一らの活躍もあって攻めきれずに撤兵している（詳細は後述）。その後、孫一は信長の実力を認めて反信長の一派と対立し、本能寺の変の年（一五八二）の正月二七日、孫一は反信長派の土橋守重を殺害し、雑賀は信長支持にまとまるかにみえた。ところが、信長その人が殺害され、孫一は雑賀にいられなくなり、出奔してしまう。こうして反信長で固まった雑賀衆のリーダーとなったのが土橋重治（孫市に殺された守重の弟）であった。

「第三次信長包囲網」（詳細は後述）の際、摂津の荒木村重が有岡城（伊丹市）で挙兵すると、鞆の浦（福山市）で毛利輝元に匿われていた将軍足利義昭を中心とするグループが次のような計画を立てていたことが『信長公記』に書かれている。

まず毛利の本軍が摂津西宮へ海路より上陸をめざす。毛利の本軍は越水《こしみず》（西宮市）付近に本陣をすえ、吉川元春《きっかわもとはる》（毛利元就の次男）と小早川隆景《こばやかわたかかげ》（同三男）、当時毛利方だった備前の宇喜《うき》多直家《たなおいえ》（のちに豊臣政権五大老となる宇喜多秀家の父）の三隊を荒木方の尼崎城へ入れる。そして紀州の雑賀党・大坂の本願寺勢らを先手として織田方の背後をつかせ、東西から挟撃《きょうげき》するという。村重は居城の有岡城に妻子や城兵を残し、尼崎城へ移ることになるが、この計画に身を投じるためだったとみられる。もしも計画どおりに事が運んだら、信長の政権は本能寺の変までもたなかったかもしれない。この幕府グループと呼ぶべき集団の一翼を紀州雑賀勢が担い、土橋重治がその中心だったのである。

以上の話を整理した上で、光秀が紀州雑賀のリーダーに送った密書（返書）を読んでみよう。

「（前略）（重治殿が）上意をお請《う》けになられたことをお知らせいただき、快く思います。しかしながら、御上洛のことはすでにお請《う》け申し上げております。その意を理解して頂き、協力たまわることが大事だと思います」

この「上意」の「上」（上様）が誰を指すかというと、文脈から将軍足利義昭であるのは間違いない。つまり義昭が「上意」として、信長を討った光秀へ協力するよう「反信長」の重治に命じたと受け取れるのだ。この書状からは、義昭の「上意」を受けた光秀が鞆の浦（福山市）の義昭を京へ受け入れる準備を進めていると読み取れる。

また光秀は本能寺の変の直後、毛利輝元に協力する旨の書状を送っている。そこには信長は「大悪無道」の人で、天下の人民が悩乱し、殷《いん》の紂王《ちゅうおう》（酒池肉林《しゅちにくりん》の快楽に耽り、国を傾けたという中国古代の王）に等しい存在だと罵倒している。だからといって、これは光秀が天下の政道を正すために信長を討ったという「使命説」の動機にはならない。理由はどうあれ、信長を討ってしまった光秀が旧政権を悪しざまにいうのは当然の成り行きだからだ。

そのくだりの後、光秀は「（当面する敵の）羽柴を討ち果たし、公方様（義昭）がご上洛できるようお励みください」と輝元の協力を求めている。ここに光秀を中心とする「義昭復権（上洛）

計画」が動き出したようにみえる。つまり、鞆の浦の義昭こそが光秀を謀叛にいたらせた黒幕で、信長に代わって畿内を治めようとする光秀と中国の毛利を連携させ、みずからの再上洛の道を開こうとしていたとも思える。この「幕府黒幕説」では、明智・毛利・紀州雑賀のネットワークに四国の長曾我部元親も加わっていたとする。

事実、将軍足利義昭の側近（真木島昭光《まきしまあきみつ》）が伊予（愛媛県）に勢力を伸ばす毛利と長曾我部の講和を進めていたことをうかがわせる史料（石谷《いしがい》家文書）もある。

謎04 「四国説」だけでは解けない本能寺の変

光秀が信長を討つ動機として挙げられる「四国説」。最近になって脚光を浴びている印象だが、じつは早くから注目されていた。というのも『元親記』という長曾我部元親の一代記に「明智殿謀叛の事、いよいよさし急がれ、すでに六月二日に信長卿御腹を召さる」と書かれているからだ。元親の一代記にどうして「明智殿が謀叛を急いだ」という記述があるのだろうか。それは、本能寺の変の当日、信長の三男信孝が四国へ攻め入る出陣の日にあたっていたからだ。同書を読むかぎり、その出陣を止めるため、光秀が「謀叛を急いだ」と読み取れる。つまり、謀叛の動機がそこにあったといっているのも同様だ。それでは、少し時代をさかのぼってその背景をみてみよう。

本能寺の変からさかのぼること七年。天正三年（一五七五）一〇月、土佐一国を統一した長曾我部元親は四国平定の野望を抱き、嫡男の元服に際して織田信長から「信」の一字をたまわり、「信親」と名づけた。元親が光秀を通じて信長へ宛てた書状の返書でそのことが確認できる。つまり、光秀が長曾我部家と信長の取次役になっているのである。元親の正妻は美濃の土岐一族とされる室町幕府の奉公衆・石谷光政《いしがいみつまさ》の娘。光政は光秀の重臣斎藤利三の実兄である頼辰《よりとき》を養子に迎え、石谷家を継がせた。つまり元親にとって義兄（妻の兄）にあたる頼辰は、光秀の重臣斎藤利三の実兄という関係になる。その関係で光秀が織田家で長曾我部との取次役、すなわち交渉窓口になっていたのである。

ところがその織田・長曾我部の関係は、天正九年（一五八一）になって急転する。そのころ元親は急激な勢いで四国を切り従えており、信長が元親を警戒し出したことも理由の一つだろうが、阿波を本国とする三好康長《やすなが》（もともと三好三人衆とともに信長に反抗していたが信長に下った）による政界工作、つまり織田家への工作が功を奏したようだ。『元親記』によると、長曾我部家が阿波・讃岐を手に入れたら必ずや「淡州」（淡路島）にも勢力を伸ばしてくると信長に中傷した者がいて、信長は四国で「切取り自由」としていた元親との約束を反故にし、「予州・讃州上表申し、阿波南郡半国、本国に相添へ遣わさるべし」という態度へと一変したという。事実上、長曾我部家を土佐一国と阿波半国に封じこめると宣言したのだ。信長に中傷したのが誰かは不明だが、元親のライバルである三好康長ではなかっただろうか。

しかし、四国平定の野望を実現しかけていた元親にしたら、とうてい承諾できる内容ではない。当然のことながら元親は「四国の御儀は某（元親のこと）が手柄をもって切取り申す事に候。更に信長卿の御恩たるべき儀にあらず」（『元親記』）と反発する。

光秀と秀吉の代理戦争

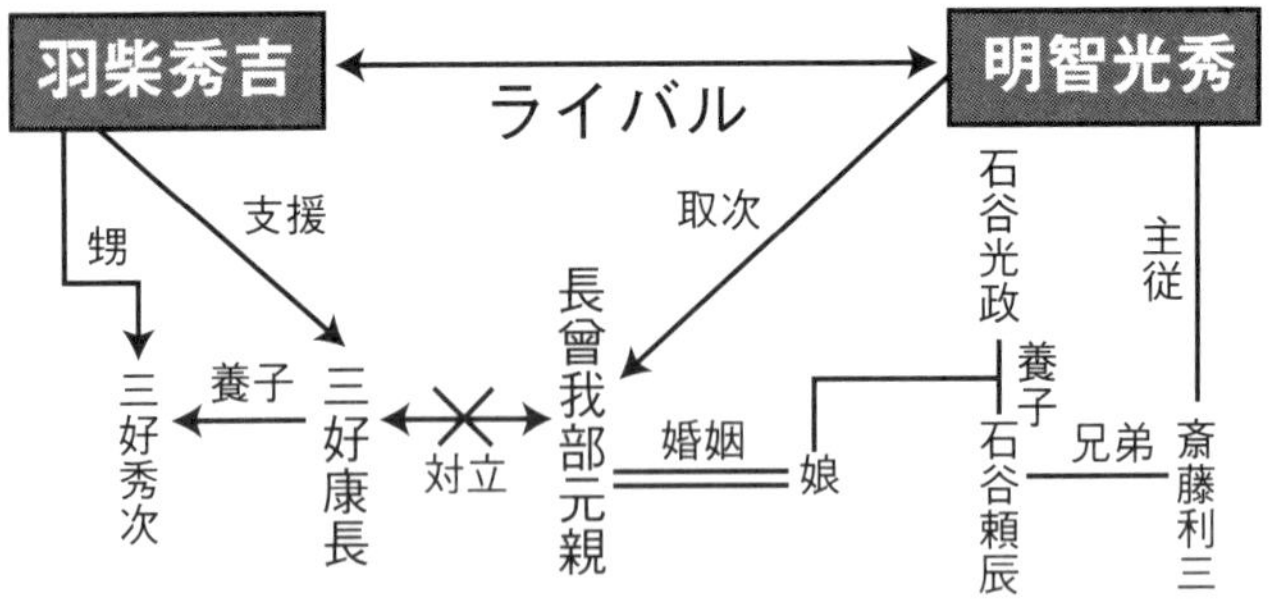

長曾我部家が光秀を取次役としていたのに対して、三好康長は四国における勢力回復を狙い、羽柴秀吉に近づいた。その康長は秀吉の甥である秀次（後の関白豊臣秀次）を三好家の養子に迎え、秀吉との絆は強固になっている。

信長の政策変更は、「元親―光秀」ラインが「秀吉―康長」ラインに政治的に敗北したことを意味する。六月二日に信孝軍が予定どおり大坂から出陣し、長曾我部家が滅亡したら、せっせと築き上げてきた織田家における光秀の地位が秀吉に奪われてしまう。歴史学者の藤田達生氏は著書（『証言　本能寺の変』）において、播磨・但馬・因幡の各国を橋頭《きょうとう》堡《ほ》として中国地方の諸将に勢力をおよぼそうとする秀吉に対して、光秀は「四国を長曾我部氏で統一することで、九州をにらんだ外交政策のキーパンソンになることができた」と論じている。

ところが信長は天正一〇年（一五八二）五月七日、四国平定後に「讃岐は信孝、阿波は康長、伊予・土佐は淡路へ出馬してから沙汰する」旨を表明している。信長による四国分割構想の中に長曾我部の名はなかった。山崎の合戦で明智軍が秀吉軍に大敗した後の話だが、捕えられた斎藤利三をみて、公家の山科言経《ときつね》が「日向守（光秀）内斎藤（内）蔵助《くらのすけ》、今度《このたび》謀叛随一也」（『言経卿記《きょうきき》』）と記しているのも、その説を裏づける証拠の一つとなろう。長曾我部氏が実施した検地史料によると、斎藤氏や石谷氏の身内が安住の地を求めて土佐に下っていた。元親と縁戚関係にある利三は、光秀以上に信長の長曾我部攻めに反感を抱いていたともいえる。

こうみてくると、たしかに四国説こそが本命に思えてくる。そこへもってきて、二〇一四年、林原《はやしばら》美術館などが「四国説」有利となる新史料を公表した。長曾我部元親がのちに「謀叛随一」の男といわれる光秀の重臣斎藤利三へ宛て、天正一〇年五月二一日付で出した書状である。

そこには元親の信長への恭順の意思がこめられている。すでに織田家の支援を受けた三好勢が安房の諸城を攻撃し、守り切れなくなったのだろう。元親は「一宮（一宮城＝徳島市）をはじめ、ゑひす山城（夷山城＝同）、畑山城（阿南市）、うしきの城（牛岐城＝同）、仁宇（仁宇城＝那賀町）残らず明け退き申し候」として、それらの阿波諸城から撤退する考えを示している。また、〝四国のヘソ〟と呼ばれる重要拠点の白地《はくち》城（三好市）と海部《かいふ》城（海陽町）だけは明け渡せないが、決して阿波に野心を抱いているためではないとも述べている。しかしながら、これまで粉骨努力し、謀叛の意思などまるでない長曾我部を成敗しようとするのなら、「料簡に及ばず候」、もはやどうしようもなく戦うしかないという。

そうした元親の覚悟を知った斎藤利三が光秀と謀り、『元親記』にいう「謀叛の事、いよいよさし急がれ」という状況になったなら、話の筋は通る。切羽詰まった元親が利三を通じて光秀に泣きつき、光秀もこのままでは織田家内の地位を秀吉に奪われかねず、そこで四国への渡海を中止させるために謀叛におよんだという文脈となる。

だが、いくら長曾我部の取次役であったとしても、光秀がそれだけの理由で謀叛という行為に踏み切るだろうか。背景に秀吉との確執があったとしてもだ。「四国説」のもともとのネタ元である『元親記』は江戸時代に書かれた元親の一代記であって、当時の史料ではない。

そしてもう一つ、興味深い指摘がある。切羽詰まった元親が光秀に泣きついたと書いたが、元親が問題の書状を出したのが五月二一日。その一〇日後に本能寺の変が勃発する。平安時代に書かれた紀貫之《きのつらゆき》の『土佐日記』によると、土佐から京まで五五日間の日程を要している。もちろん、戦国時代にはよりスピードが上がり、たとえば六月二日未明に起きた本能寺の変の情報が四日後の六日に越中の城にいた柴田勝家の元へもたらされている。しかし、土佐の場合、海を渡ってゆくしかない。

五月二一日に土佐で書いた手紙が一〇日後、畿内にいる利三や光秀に届いたとは考えにくいのである（栗原加奈夫著「本能寺の変をめぐる明智光秀の動向」）。

謎05 光秀が変の三日前に出した「手紙」が語る真実

亀山城（京都府亀岡市）で西国出陣の支度を整えていたはずの光秀は五月二七日に愛宕山（京都市右京区）へ参籠し、神前で二度三度と籤《くじ》を引いている。この話は『信長公記』に掲載されており、通説は光秀が謀叛に及ぶべきかどうか思い悩み、運命を籤に託したのだとする。

光秀は翌日の二八日、同じ愛宕山の愛宕神社西の坊威徳院《いとくいん》で連歌会（愛宕百韻《ひゃくいん》という）を催し、歌に謀叛の決意をこめる。それが有名な「ときは今　あめが下知る　五月哉《かな》」という発句《ほっく》だ。光秀が土岐一族である土岐氏である光秀が天《あめ》を治める、つまり天下を取ると歌に思いをこめたわけだ。光秀が土岐一族であるか否かはともかく、この年の五月は二九日が晦日《みそか》だから、二七日に籤を引いて思い悩んだ末、実行日の三日前になってようやく信長を討つ覚悟を決めたことになる。

ところが、同日付で光秀はその話とは矛盾する手紙（写しが現存）を山陰石見《いわみ》（島根県）の福屋彦太郎という国人領主へ送っている。信長の上意で毛利勢と羽柴秀吉が対陣している備前方面へ出陣するという内容だ。手紙を読む限り、謀叛の決意はまるで感じられない。

もちろん、謀叛は秘中の秘だから、光秀が攪乱《かくらん》のためにわざわざこのような手紙を出したともいえる。だが、山陰地方の国衆へ、そのような工作をする必然性はない。この手紙には、光秀が備中へ着陣した後、山陰方面へ転戦する旨が語られており、実際に山陽・山陰方面へ出陣する予定だったからこそ、事前にこの手紙を送ったとしか思えない。そうなると、光秀は三日前の五月二八日の時点で、いまだ謀叛の決断をしていなかったことになってしまう。

そこで問題になるのが例の発句。同じ日に叛意をこめた歌を詠んでいるというのは明らかに矛盾するが、光秀の発句はもともと「ときは今　あめが下なる　五月哉」だったと、江戸時代の史料ながら『常山紀談《じょうざんきだん》』に記されている。これだと五月という季節を詠んだだけで叛意は感じられない。

つまり、こういうことではないだろうか。羽柴秀吉がのちに御伽衆《おとぎ》の大村由己《ゆうこ》に書かせた『惟任退治記《これとう》』に「天が下知る」という例の発句が掲載されているが、これは光秀を討った秀吉が書かせたものだから信用できない。もともと「あめが下なる」であった発句が大村由己、もっというと秀吉によって「あめが下知る」へ改ざんされ、後年、『信長公記』著者の太田牛一が引用したという解釈だ。

このように光秀が三日前にも謀叛を決心していなかったとすると、光秀が発作的に謀叛へいたったという印象はぬぐい切れないのである。

謎06 幻に終わった六月三日の「本能寺茶会」

前項で光秀が三日前になっても叛意を決めていなかった可能性に触れた。だとしたら、光秀は発作的に謀叛へいたったとしか思えない。つまり、何かに追いこまれるように謀叛へと舵を切った印象がある。光秀が追いこまれる理由があったはずだ。それはいったい何だったのだろうか。

しばらく光秀の動きからはなれ、もう一人の事件の当事者である信長の動きを追ってみよう。

信長の動きをもっとも正確に記しているのが、武家伝奏《ぶけてんそう》（武家の奏請を朝廷に取り次ぐ役目）の職にあった公卿の勧修寺晴豊《かじゅうじはれとよ》の日記だ。そこには「西国手つかい四日出陣申すべく」とあり、信長が居城の安土（近江八幡市）から上洛し、京の宿舎である本能寺入りした理由が中国出陣であったとわかる。備中では羽柴秀吉が毛利勢と対陣しており、光秀のみならず、信長自身、その加勢で中国へ赴く予定だった。信長が京を発つ出陣日も六月四日と決まっていた。

信長は五月二九日に安土を発ち、翌六月一日に宿舎の本能寺入りするが、そのもとへ朝廷の重鎮らがこぞって挨拶《あいさつ》に出向いていることも晴豊の日記で確認できる。

ただし、翌二日の早朝、信長は路傍の露と消えてしまうため、二日から四日に中国へ出陣するまでの行動予定がわからなくなっている。しかし、出陣前に信長が何をしようとしていたかを推測する手がかりはある。信長はこの上洛に際し、安土から大量の名物茶器を本能寺へ運び入れているのだ。その名が伝わるのは、有名な九十九茄子《つくもなす》をはじめ、三八種。ちなみに九十九茄子は名物好きな信長が松永久秀《まつながひさひで》から譲られ、その見返りに大和一国を安堵したという逸話の残る逸品。本能寺の焼け跡から見つけ出されたともいわれる。南蛮人宣教師のルイス・フロイスの『イエズス会日本年報』から、関係する箇所を拾ってみよう。

「(信長が茶の湯の)道具を六十以上もっているというのは確かなことである。この件をよく知る日本人修道士ヴィセンテが私(宣教師のフロイス)に断言したところでは、そのうち二つのみで三万五千クルザード以上に値した。これもまた失われたのは、信長が都に来た時(本能寺入りを指す)、これが最後になったが、三河の国主(家康)やその他の諸侯に見せるためほとんどすべての道具を携えて来たからである」

信長はこれら名物茶器の数々を本能寺へ運び入れ、何をしようとしていたのだろうか。それは、本能寺で大規模な茶会を催すためにほかならない。

信長は茶会で披露する予定の「御茶湯道具目録」(招待状)を招待客の一人、博多の豪商・嶋《しま》井宗室《いそうしつ》へ送っており、その日付が六月一日であったことから、一般的に茶会は変前日の六月一日におこなわれたと理解されている。しかし、招待状はふつう開催日より前に届けられるのが常識だ。四日は中国への出陣日だから外すとして、本能寺茶会は二日か三日に開かれる予定だったとみていいのではないか。

事実、一日に本能寺へ大勢の公卿らが挨拶に訪れたと記す晴豊の日記を読んでも、茶と茶菓子が振る舞われたとあるものの、名物の茶器を披露したとするくだりはない。繰り返しになるが、本能寺には天下の名器といわれる逸品が揃っていたはずだ。一日に茶会が開かれていたら、信長は当然、公卿らに自慢するため披露しただろうし、公卿らが日記に書きとめる性質のものだ。

そこでもう一人、上方で遊覧中だった家康の動きを追う必要がでてくる。

五月二〇日まで信長の接待を受けた家康主従はわずかな供まわりのまま、五月二一日に安土を発ち、京見物のあと二八日に大坂をめぐり、翌二九日には堺入りしている。翌六月一日の昼に家康は、接待役として安土から同行している信長の側近・長谷川秀一《ひでかず》とともに、堺の豪商で茶人でもある津田宗及《そうぎゅう》から接待を受けている。

そして変の当日の家康の動きは本願寺役人の日記によって知ることができる。

「二日、朝徳川殿上洛、火急に上洛之儀□（判読不明）、上様安土より、二十九日に御京上之由ありて、それにつき、ふたふたと上洛の由候なり」

その日の朝、家康主従は上洛の途についていたのだ。本能寺の変は二日の払暁《ふつぎょう》（午前五時ごろ）に起きている。家康主従が二日の朝、堺から京へ向かって発ったころ、すでに信長は光秀に討ち取られていた。むろん、今日のような情報伝達手段がない時代に、彼らが京の変事を堺で知ったとは考えられない。もし知っていたとしたら、明智勢で満ちあふれる京へ、わずかな供まわりで入るのは自殺行為でもある。このとき家康主従は何も知らなかったのだ。

実際に家康が信長の死を知るのは堺から上洛する道すがら、一行が河内の飯盛山《いいもりやま》（四条畷市《しじょうなわてし》）まで来たときであった。

家康に随行している京の豪商茶屋四郎次郎（初代）が書きとめた記録によると、四郎次郎はまず六月一日、堺を出立し、家康主従より一足早く京へ向かっている。そして翌二日、京で変事を知り、その事実を家康へ注進するため慌てて京を出たところ、逆に京へ向かう家康の重臣本多平八郎忠勝《ほんだへいはちろうただかつ》に出会う。「御先手本多平八郎忠勝」と史料にあるから、二日の朝に堺を発った家康は、平八郎を先発させていたのだろう。

そのとき「信長公御生害」の事実を四郎次郎から告げられた平八郎は、顔色を変えたはずだ。四郎次郎と二人、家康のもとへ急行するが、家康はその二人の様子を遠目で見て「ただ事にあらず」と感じたという。その後、家康は予定を変更して上洛せず、有名な伊賀越えで本国三河へ、ほうほうの体で帰りつくのである。家康が二日早朝に堺を発ったのは、信長が安土を発ったという情報に接したからだ。つまり、家康は、信長と京でふたたび会すことを約していたからにほかならない。

それは、家康が本能寺茶会に招待されていたことを意味する。先のルイス・フロイスの『イエズス会日本年報』にも「三河の国主やその他の諸侯に見せるためほとんどすべての道具を携えて来た」と書かれており、ここからも家康が茶会に招かれていた事実が知れる。

二日に茶会が催される予定だったら、その日の早朝に堺

本能寺の変をめぐる信長・光秀・家康の動き

天正10年(1582)5月	
14日	・光秀が家康の接待役を命じられる
15日	・家康主従が安土に到着
17日	・信長が光秀の接待役を解き、毛利と対陣中の羽柴秀吉の加勢を命じる
20日	・光秀の後任の接待役に丹羽長秀、堀秀政が任じられる
21日	・家康主従が上方遊覧のために安土を発ち、京・大坂をめぐる
26日	・光秀が亀山城に入る
27日	・光秀が愛宕山でくじを引く
28日	・光秀が連歌会の「愛宕百韻」を催す
29日	・信長が安土を発つ。家康が堺に入る
天正10年(1582)6月	
1日	・朝廷の重鎮が本能寺の信長へ伺候する ・家康が堺で津田宗及から接待を受ける
2日	・早朝、光秀が本能寺で信長を討つ ・家康が堺から京へ向かう途次、本能寺の変を知り、伊賀越えで三河へ逃げ帰る
3日	(本能寺茶会の予定)
4日	(信長が西国へ出陣する予定日)

を発ったのでは間に合わない。だとすると、本能寺茶会は三日に予定されていたはずだ。しかし、もう一人、その茶会に呼ばれていた人物がいた。ほかならぬ光秀その人であった。光秀自身、信長から本能寺へ来るよう命じられており、三日に本能寺で信長・光秀・家康の三人が勢揃いする予定だったのである。

『川角《かわすみ》太閤記』には、信長の側近・森蘭丸からの飛脚で「上様（信長）が明智軍の人馬の陣容をまぢかでご覧になりたいと申されています。中国への出陣の準備が整い次第、上洛なされよ」という指示がきた旨、記されている。

光秀は羽柴秀吉への加勢で中国方面へ出陣する前、軍勢を率いて上洛し、本能寺へ立ち寄ることを命じられていたのである。「明智軍の人馬の陣容をまぢかで見たい」というのは明らかに口実だ。なぜ信長は光秀にそんなことを命じたのだろうか。

謎07 細川藤孝も「黒幕」の一人だったか？

光秀の動機について本格検証する前に、もう一人、怪しい人物をご紹介しておこう。細川藤《ふじ》孝《たか》――光秀の娘お玉（ガラシャ）の舅《しゅうと》である。あらためて、その素性を正しておきたい。

藤孝の家は室町幕府細川管領《かんれい》家の分家のさらに分家。藤孝はやがて将軍の御供衆である細川元常《もとつね》（和泉細川家の当主）の養子となり、一三代将軍足利義輝《よしてる》に側近として仕えたという。最近では、幕府内談衆を父に持つ細川晴広が養父とされるようになった。いずれにせよ、養父によって将軍に近仕する資格をえたわけだが、彼を一二代将軍足利義晴《よしはる》（義輝の父）の落胤とする説がある。『細川家記』（『綿考輯録《めんこうしゅうろく》』ともいう）には「元常は、藤孝が義晴の落胤だと知っていたから望んで養子にもらいうけた」とある。この説は、藤孝の母が将軍義晴の側室（清原宣賢《きよはらのぶかた》の娘）だったことを根拠とする。宣賢の娘はやがて義晴の御部屋衆だった三淵晴員《みぶちはるかず》（藤孝の実父）に下げ渡され、生まれたのが藤孝だったからだ。もしかすると藤孝は、母あるいは養父から、実の父が誰なのか密かに聞いていたのではなかろうか。

だからこそ藤孝は、彼が仕えていた一三代将軍義輝が松永久秀と三好三人衆らに暗殺されると、義輝の実弟である義昭の将軍職就任に奔走したのである。やがて信長に仕えた藤孝は、細川姓を捨て、山城国の長岡郷（長岡京市付近）に領地をもっていたことから、関ヶ原合戦のころまで長岡藤孝と名乗る。細川氏は名門といえども、将軍からみたら家臣の家系である。藤孝が一時的にせよ、細川の氏《うじ》を捨てたのは「足利将軍家の血筋なり」という気概を示したといえなくはない。だとすると、藤孝は幕府グループの中心人物である将軍足利義昭の庶兄《しょけい》ということになり、信長に伏しつつ、裏で義昭の復権に尽力していたとしても不思議ではない。

摂津有岡城の荒木村重が信長を裏切った際、その事実を信長の耳に入れたのが藤孝だった。このとき藤孝は、信長の命により石山城（のちの大坂城）に拠る本願寺勢の抑えとして附城《つけじろ》を築いていた。村重が内通した本願寺と対峙しているのだから、位置的に謀叛の情報をえやすい立場にいた。『細川家記』によると藤孝は、「荒木摂津守（村重）が信長に叛きて伊丹の城にたて籠り、本願寺の一揆と牒合《ちょうごう》すると聞き、（家臣の）松井康之をもって（信長に）密事を告げた」という。信長はこの藤孝の密告に「懇切の儀、祝着に候」と謝意を示す返書をしたためている。

当時、村重が謀叛するかどうか迷っていたことは本願寺顕如の書状からわかる（詳細は後述）。つまり藤孝は謀叛を逡巡《しゅんじゅん》する村重の退路を断ち、彼の決意をうながすために、あえて村重謀叛の情報を信長に流したのではなかろうか。

藤孝にはこうした〝前科〟の疑いがあるという前提で、『細川家記』から本能寺の変前の彼の動きを拾ってみよう。

まず信長が安土から上洛するという知らせを受け、丹後宮津城（京都府宮津市）の城主だった藤孝が重臣の米田求政《もとまさ》を出迎えの使者として遣わした。その求政が本能寺の変を知り、健脚自慢の早田道鬼斎《はやたどうきさい》という者を丹後宮津城へ走らせた事実を述べている。

この淡々と事実だけを語る部分に比べると、ここからはドラマティックな展開となる。六月三日になり、道鬼斎からもたらされた情報を聞いて藤孝は仰天愁傷し、嫡男の忠興に「われは信長公の御恩深く蒙っているので剃髪《ていはつ》して多年のご恩に報いようと思う。そのほう（忠興のこと）は、光秀と婿舅《むこしゅうと》の間だから、彼に与すべきかどうか、いかが考える」と選択を強いた。すると、忠興は涙を流しつつ、父藤孝に同意し、同じく剃髪するのである。

このあと『細川家記』は、光秀から届いた手紙を掲載している。光秀は、父子揃って元結《もとゆい》を払ったと聞いて腹立たしく思ったが、やむをえないことと思い直したといい、細川父子の加勢を求めた内容だ。ただし、この光秀の手紙そのものが筆跡からみて、偽文書《ぎもんじょ》（ニセ手紙）だという説（立花京子著『信長と十字架』）もある。

では、誰が光秀の〝ニセ手紙〟を書いたのだろうか。藤孝自身が歪曲《わいきょく》した事実を後世に残すため、〝ニセ手紙〟を書いたとは考えられないだろうか。光秀とは昵懇《じっこん》の間柄ながら、父子揃って剃髪してまで一味となることを拒んだことを示すには、それに対する光秀の反応がわから

本能寺の変「人脈相関図」

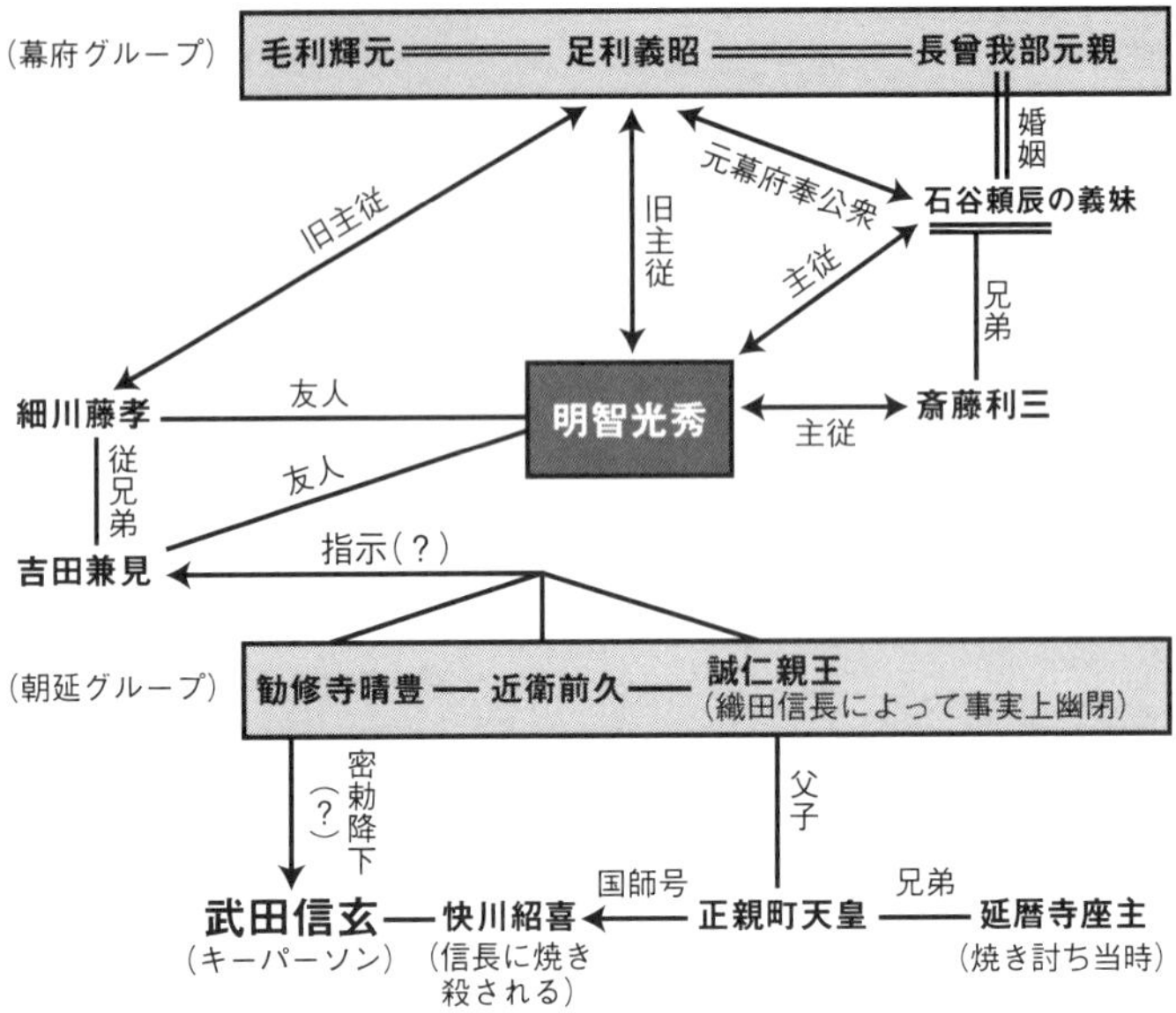

ないと説得力に欠けるからだ。そして、そこまでして事実を粉飾しなければならない理由は藤孝が謀叛（本能寺の変）に関係していた事実にあるとみなければならない。さらに『細川家記』はもう一つ、大きなミスを犯している。変前の藤孝の不可解な行動について書きもらしているからだ。

吉田兼見《かねみ》の日記『兼見卿記』（別本）の天正一〇年（一五八二）五月一四日条に「長兵（長岡兵部大輔＝藤孝）が早天、安土へ下向」という記述がある。この五月一四日は、光秀が信長に徳川家康の接待役を仰せつかった日だ。その日の早朝、「長兵」こと藤孝が安土へ下向しているのだ。一方、『兼見卿記』に「惟任日向守在庄」という表現がある。翌日に家康が安土へ到着することなどを考えても、その日、光秀は安土にいたと思われる。つまり、藤孝は早朝わざわざ安土へ向かい、光秀の邸あたりで光秀と密談していた可能性がある。

また、吉田神社の神宮で朝廷に仕える吉田兼見と藤孝は従兄弟どうし。藤孝が五月一二日から京の兼見邸に逗留《とうりゅう》していたことも確認できる。藤孝は、京の兼見邸で二泊し、一四日の朝になって安土へ向ったことになる。吉田兼見は光秀の敗死後、その関係を印象づける日記の記述をすべて書き直しており（「別本」というのは奇跡的に残っていた書き直し前の原本）、筆者は兼見を朝廷の反信長グループの連絡役とみている。したがって藤孝は兼見邸で二日間じっくり話し合い、朝廷の意向をメッセンジャーとして安土の光秀に伝えたと推測できる。

そして、変の直前に藤孝と光秀が会ったという重大事実を『細川家記』に記さなかったことこそが、逆に藤孝へ疑惑の目が向けられる最大の要因になったといえる。

藤孝は、反信長の幕府グループと朝廷グループをつなぐ役割を担っていた可能性があろう。

謎08 信長が親王を幽閉したのは本当か？

吉田兼見を朝廷グループと光秀との連絡役だと書いた。兼見は織田信長によって朝廷のフィクサー的な立場へ引き上げられ、彼も信長には感謝していたはずだ。

しかし、本願寺が降伏した天正八年（一五八〇）ごろより、信長の傍若無人な振る舞いに磨きがかかり、兼見も朝廷の権威を守るために〝信長はずし〟を考えざるをえなくなったのではなかろうか。それは朝廷内で反信長の機運が芽生え出すのと軌を一にしていたはずだ。

天正九年に信長が御所でおこなった馬揃えのイベントも朝廷を刺激することになったが（詳細は後述）、翌年の甲斐遠征に同道していた前関白近衛前久《このえさきひさ》に対して信長は「近衛」と呼び捨てにし（『甲陽軍艦』）、歴史学者の小和田哲男氏は「信長が正気の体ではなくなってきていることがわかる」（『明智光秀』）としている。この近衛前久は「朝廷黒幕説」の中心といわれる人物だ。

この天正九年から一〇年にかけては正親町天皇の譲位をめぐり、天皇・朝廷と信長の意見が対立していたときでもあった。その信長には正親町天皇の第一皇子である誠仁《さねひと》親王を事実上、〝幽閉〟していたという嫌疑もかかる。

それは天正七年（一五七九）一一月二二日というから、荒木村重の有岡城が落城日前となり、信長の危機がリセットされかかっているときである。『信長公記』に「（誠仁）親王様、二条新御所へ御移徙《たわまし》のため、行啓《ぎょうけい》」とみえる。行啓というのは皇族の〝お出かけ〟という意味だが、この場合、往路はあっても復路はない。つまり、この日、誠仁親王が二条新御所へ引っ越しすることになったのである。皇族の引っ越しだから、その行列は大層なものであった。関白や五摂家の公卿ら錚々《そうそう》たる顔触れが輿に乗り、先導をつとめていた。

もともと新御所は、旧二条晴良《にじょうはれよし》の邸だったところ。信長が妙覚寺《みょうかくじ》（上京区）を京の宿所にしていたころ、信長がその近くにあった二条邸の庭の泉水などの眺望を気に入り、晴良から提供を受け、京都所司代の村井貞勝に命じて新たに「構《かまえ》」（堀などの防御施設）などを普請させた。完成後、信長はしばらく上洛した際の宿所にしていたが、その年の一一月一五日になって誠仁親王へ献上したのである。以降、信長は上洛した際の宿所を主に本能寺とし、ふたたび貞勝に命じて境内の北側に小御殿を普請させた。

それにしても、信長はなぜ誠仁親王に〝お気に入り〟の邸宅を献上したのだろう。親王を敬う心からでないことは明らかだ。むしろ、信長の狙いはまるで逆だと考えている。親王を掌中に置くこと、すなわち事実上の幽閉である。

誠仁親王は次の天皇の地位が約束されている。その親王幽閉とともに、信長は献上した二条新御所で〝新朝廷〟ともいえる組織を立ち上げていた。『兼見卿記』によると、親王の引っ越しがおこなわれた翌日の二三日、吉田兼見が「二条新御所御番」に編入され、柳原淳光《やなぎはらあつみつ》・日野輝資《ひのてるすけ》・四条隆昌《しじょうたかまさ》・唐橋在通《からはしありみち》と相番となり、合計一八人余の公家が新御所で親王に仕えている。同じく、この日以降の複数の公家の日記を確認してみても、正親町天皇の御所に対して誠仁親王の御所が「下御所《しもごしょ》」と呼ばれ、やはり「当番」と称して公家らが交代で下御所の公務をつとめていることがわかる。つまり信長は、天皇の御所とは別に新しい朝廷組織を発足させたのだ。このことは大きな意味をもつ。誠仁親王が即位したのち、下御所の朝廷組織をすぐ天皇の執務機関に転用できるからである。

しかも、安土城の本丸御殿が天皇を迎え入れるために造られていることはいまや通説になりつつあり、誠仁親王の即位後、新天皇の御座所を安土城の本丸御殿へ遷《うつ》す――安土遷都を目論んでいた節もある。

現在の京都御所

その上、信長は改暦問題でも朝廷と対立していた。

中国・唐の時代に作られ、日本の貞観《じょうがん》元年（八五九）に〝輸入〟された宣明暦《せんみょうれき》が八〇〇年以上にわたって使われていた。本家本元の中国でも宣明暦が使われたのは七一年間。当然その後にじっさいの天文現象との間に誤差が生じていた。そこで信長は改暦をおこなおうとした。信長は天正一〇年（一五八二）正月一〇日、朝廷の暦道家である土御門《つちみかど》家の者や例の近衛前久を安土城へ招き、改暦の意思を示している。二月になってふたたび信長は、京で改暦について議論させることになった。会議には、京都所司代の村井貞勝、武家伝奏の勧修寺晴豊、中国の古典に詳しい医師の曲直瀬道三《まなせどうさん》らも加わり、二日にわたって議論した結果、所司代の貞勝を除き、宣明暦が正しいという結論に達し、信長に伝えたという。その後、信長から改暦の諮問はなかったものの、すでに信長は改暦を決意していたのだろう。

本能寺の変の前日に大勢の公家らが上洛した信長のもとへ挨拶に出向いているが、晴豊はその日の日記に「（信長が年内に）閏あるべきの由申された」と書いている。その年の宣明暦に「閏一二月」はない。つまり、信長が閏一二月をもうけよという意味、それは宣明暦から別の暦に変える改暦の意思を示しているのである。しかし、暦は天皇から下賜《かし》されるという形をとらねばならない。これを「観象授時《かんしょうじゅじ》」という。時を司るのが皇帝の大きな権限であるという中国の統治法を日本に導入したものだ。天皇が気の象《しょう》（形）を観測し、臣民《しんみん》に時、すなわち暦を授けるのだ。つまり、改暦は天皇と朝廷の専権事項。いくら信長が実力者であるとはいえ、いまでいうならそれは強固な岩盤規制に大穴を開けるに等しい行為だった。

六月一日に信長が本能寺で公家らに改暦の意思をあらためて伝えた際、晴豊の日記からは、信長嫡男の信忠までもが反対していたことが伝わってくる。信忠は父の朝廷に対する圧力に危なっかしさを感じ、改暦問題以外でも信長と対立していた節がある。『三河物語』という徳川方の史料によると、本能寺に鉄砲が射かけられ、何者かの謀叛だと悟った信長は真っ先に「信忠が別心（謀叛）か！」と叫び、まずわが子を疑っている。この『三河物語』の内容を信じるなら、やはり、信長の朝廷への態度に信忠が反発をおぼえていたとみなければならない。

このほか、信長はこの天正一〇年、朝廷にとって看過できない大事件を一つ起こしている。それが武田家の菩提寺である恵林寺《えりんじ》（山梨県甲州市）焼き討ちである。武田滅亡後、恵林寺が信長をさんざん苦しめた六角承禎の子六角義定を匿っているという話が伝わってきた。そこで、信長が引き渡しを求めたところ、拒絶されたため、寺中の僧一五〇余人を山門に追い上げ、焼き殺したのだ。

その中には正親町天皇が国師号を与えた高僧の快川紹喜《かいせんじょうき》がいた。彼は「心頭を滅却すれば火もみずから涼し」という偈《げ》（詩句）を発して火中に没したと伝わる。正親町天皇にしたら、事情はどうあれ国師を焼き殺した信長を許すことはできなかったのではなかろうか。

謎09

信長は光秀に「本能寺で家康を討て！」と命じた？

光秀の庶子である於寉丸《おづるまる》の末裔だという歴史研究家の明智憲三郎氏が「信長謀略説」を唱えている（『本能寺の変四二七年目の真実』）。筆者もかつて、織田信長が徳川家康を討つために本能寺（中京区）へ招き、もっとも信頼できる家臣の光秀に謀殺させようとしたところ、それが逆目にでたという解釈を拙著『信長は光秀に「本能寺で家康を討て！」と命じていた』（双葉社）で書いたことがある。いまではその解釈をそのまま主張することに若干の躊躇《ためら》いはあるものの、「信長謀略説」がいかなるものなのかご理解いただくために簡単に紹介しておきたい。

まず信長は、六月三日に予定していた本能寺茶会にことよせて光秀の軍勢に本能寺を包囲させ、茶会に招かれていた家康を討ち取る謀略をめぐらせていたというのが説の趣旨。

その根拠の一つとして宣教師のルイス・フロイスが、本能寺へ進む明智兵らが「信長に命じられ、家康を殺すつもりなのだろうか」といぶかり出した様子を書き残していること。また、実際に本能寺を包囲した光秀の家臣・本城惣右衛門《ほんじょうそうえもん》が当時の状況を記録した覚書に、討つ相手は「いえやすさまとばかり存候」とメモしていること。以上を根拠に、信長から光秀に与えられた密命の内容が明智勢の中にもれていたことを示すものだと考えている。

一方、信長が小勢で本能寺に逗留していたという現実がある。しかし、本能寺で茶会を開くのだから、いくら秀吉の加勢で西国へ出陣する途次に京へ立ち寄ったにせよ、本能寺の周辺に軍勢を駐留させていたら、京の公家衆や茶人仲間から無粋の誹《そし》りを受けかねない。そう考えると、『信長公記』に「御小姓衆二、三十人召し列せられ、御上洛」とあるとおり、茶会を開く本能寺に逗留させる人数としては、小姓三〇名ほどの人数は妥当な線といえる。だが、用心深い信長が裸同然で上洛するはずがない。じつは、五月二九日に信長が安土を発つ際、信長は馬廻衆（親衛隊）に「直ちに中国へ出陣する。命令あり次第、出陣できるよう準備しておれ」（『信長公記』）と触れを出していた。さらに中国への出陣が六月四日と決まって、変の当日、京に数千にのぼる織田の精鋭部隊が駐留していたはずだ。

いったい彼らはどこにいたのか。妙覚寺（中京区）に投宿中の嫡男信忠のもとに一部が駐留していたとして、問題は残りの兵たち。『信長公記』を精読すると、光秀討ち入りの直後、本能寺のほか、嫡男信忠のもとへ、パラパラと上京から馳せ参じる馬廻衆がいた。馬廻衆を上京に駐留させたのは、下京にある本能寺の周辺をあえて〝軍事空白区〟にしておく必要があったためではなかったか。当時、上京・下京とも総構えを擁し、いまの常識とは異なり、上京と下京では別の町に近い景観にあった。そうして軍勢を本能寺のある下京ではなく、上京に駐留させておかないと、家康に警戒されるからだ。なにしろ、家康はわずかな供まわりで上方遊覧中。いくら織田と同盟しているとはいえ、数千もの軍勢が駐留するところへ、のこのこ出向くわけにはいかない。ところが、それが裏目にでた。

つまり、信長の馬廻衆が変事を察して駆けつけようとしたが、すでに本能寺は焼け落ちたあと。やむなく彼らは二条新御所にこもる嫡男信忠のもとへ向かい、奮戦しながらもほぼ全滅したと考えられるのだ。そのことは本能寺の信長をあっさりと討った明智勢が二条新御所を落とすのに、かなりの時間をかけていることから察せられる。

問題は、光秀が信長を裏切った動機だが、信長に「本能寺で家康を討て」という密命を与えられていた光秀としては、悩んだはずだ。無防備に近い家康主従を討つのは卑怯《ひきょう》極まるやり方だからだ。もちろん武士道が完成する江戸時代とちがい、この時代、後世の者が卑怯と思うことにそれほど抵抗がなかったことは、本能寺を攻めた光秀の家臣・本城惣右衛門が証明しているものの（次のコラム参照）、それでも躊躇《ちゅうちょ》しただろう。光秀自身、密命どおり家康を討つべきかどうか思い悩んだことだろう。そうやって、悩む光秀の背中を押したのが、光秀と親しい吉田兼見ではなかったろうか。まず兼見は、変の当日、信長を討ち果たして意気揚々と近江へ引き上げる光秀を、馬に乗ってわざわざ京の粟田口まで追いかけている。しかも、七日には明智勢が接収した安土城を勅使として訪ね、光秀と「このたびの謀叛」について雑談を交わし、さらにその後、光秀から銀子五〇枚を贈られている。しかも、光秀敗死後、以上の事実を書きつづった日記をすべて書き直している。

光秀はこの兼見を通じて朝廷に「信長追討」の意思があることを知った――筆者はそう考えたのだ。

まず京の兼見邸に逗留していた細川藤孝が、光秀が家康の接待役を命じられた五月一四日になってわざわざ安土へやって来ている。確実な史料的裏づけはないものの、藤孝がその日、安土に来た最大の理由は光秀に会うためではなかったろうか。だとしたら、藤孝は兼見の意思（それは朝廷の黒幕である近衛前久はじめ、誠仁親王、勧修寺晴豊らのそれであっただろう）を伝えるメッセンジャーとして光秀に会ったのではなかろうか。

光秀が接待饗応役を免ぜられて坂本城へ帰城したのが五月一七日。その後、兼見自身が坂本城入りし、二〇日まで坂本城で光秀を説得したと考えられる。というのも、『兼見卿記』（別本）は、その一七日から二〇日までの四日間、空白になっており、筆マメな兼見にしてみたら、めずらしいことだからだ。一七日から二〇日の前後はしっかり書いてあるのだから、これだけごっそりまとまって空白になっているのは不自然といえよう。しかし、その間、兼見が坂本城にいたから日記をつけられなかったと考えると、すんなり理解できる。

以上が筆者の「信長謀略説」のあらましだ。もちろん朝廷の黒幕たちも、光秀が信長から「本能寺で家康を討て」という密命を受けていたことまでは知らなかっただろう。光秀や細川藤孝と兼見が親しい関係であることに注目し、調略の手を差しのべていたにすぎない。信長から卑怯きわまる密命を受けた光秀が思い悩み、そんな信長への信頼感が大いにゆらいでいたときでなかったら、謀叛を決意させることはできなかったであろう。それでも光秀はギリギリまで悩みつづけ、直前になって本能寺を襲う――。

ただ、この説には決定的な史料的証拠がないという弱点があることは筆者も自覚している。それとももう一つ、信長が家康を葬り去ろうとする動機だ。信長は家康に武田の抑えとしての役割を期待していた。織田の勢力圏に武田の力がおよばないよう防波堤の役割を期待したのだ。しかし、その武田が滅び、防波堤という家康の役割は終えた。逆に三河・遠州・駿河という旧今川の版図をそっくり引き継いだ形の徳川は、織田にとって新たな脅威となった。

信長はあえて武田旧領の駿河を家康に与え、家康に大接待をおこなわせた（詳細は後述）。その返礼として、わずかな供まわりで安土へ家康主従を呼び、本能寺茶会にことよせて家康を騙《だま》し討つ。その汚れ役を引き受けられるのは、もっとも信頼している家臣の光秀しかいないと。

だが、果たして無用になった家康を討つために信長はそこまでしただろうかという疑問は残る。つまり、信長の動機が弱すぎるのだ。信長に家康を騙し討たねばならないと思わせる、より差し迫った動機が必要であろう。その動機を元亀三年（一五七二）にさかのぼって探ってみたい。

コラム

「本能寺の変」ドキュメント

天正一〇年（一五八二）六月二日の午前五時ごろと思われる。織田信長が京の宿所にしている本能寺へ、光秀の軍勢が押し寄せた。本能寺の変の幕開けである。

『信長公記』や南蛮人宣教師ルイス・フロイスの報告書と著書、本能寺に攻め入った光秀の家臣の手記である『本城惣右衛門覚書』をつきあわせながら、世紀の瞬間をドキュメントタッチに再現してみよう。

フロイスがその著書『日本史』に「彼の睡眠は短く早朝に起床した」と記しているとおり、早起きの信長は、そのとき起きていた。信長が手と顔を洗い、ちょうど手拭で顔をぬぐっていたころ、彼の寝所の外が慌ただしくなってきた。まだそのときには「当座の喧嘩を下々の者ども仕出し候」というくらいに考えていたが、喧騒がやがて鬨の声へと変わり、御殿へ何者かが鉄砲を撃ちかけてきた。鉄砲に続いて矢が降り注いだ。

もはや、本能寺が信長の宿所だと知り、誰かが攻め入ろうとしているとしか考えられない。信長が傍らを振り返ると、側近である森乱（森蘭丸）がいた。信長は森乱に聞く。

「これは謀叛か、いかなる者の企てぞ」（『信長公記』）

おそらく、そのとき森乱の目には、塀の上に林立する水色桔梗紋（明智家の家紋）の旗指物《はたさしもの》が目に入ったのであろう。森乱が「明智が者と見え申し候」（『同』）と言上すると、信長はそれを聞いて、「是非に及ばず」という声をもらした。

やがて御番衆の小姓らが駆けつけて来たものの、多勢に無勢。敵が北門を打ち破り、乱入してきた。

まず信長の背中に、敵の放った矢がつき刺さった。信長はすぐさま引き抜いて弓を手に取り、二〜三筋矢を放ったところで弦が切れた。次に薙刀を手にして奮戦するが、こんどは片方の腕に銃弾を受けた。負傷した腕を押さえながら、信長はやむなく建物に火をかけるよう命じ、南戸から御殿の中へと姿を消した。そして信長は切腹して果てる——。

これが『信長公記』やフロイスの報告書と著書に描かれる本能寺の変である。

一方、『本城惣右衛門覚書』ではどのように書かれているのか。

覚書の作成者である本城惣右衛門は明智勢の先手《さきて》衆に属していた。先手はふつう、一番先に進む部隊、つまり先陣を意味する。その先陣に属する惣右衛門が本能寺の南門（正門）にさしかかると、堀にかかる橋の際《きわ》に兵が一人立っているのがみえた。惣右衛門はすかさず、その番兵の首を刎ね、境内に乱入する。

ところが、境内には「めずみ（鼠）ほどなる物なく」、静まり返っていたという。そこへ光秀の娘婿である「弥平次殿（左馬之助）」の母衣衆《ほろしゅう》（馬廻りの使い番）二人が北の方からやってきて「くび（首）はうちすて（打ち捨て）にせよ」と命じた。

このため、惣右衛門は首を本堂の下へ投げ入れている。ちなみに、このくだりからは、首は取るなと指示されていても合戦の後の恩賞が気になり、その証拠を隠そうとする武将の心理が垣間見える。

続いて惣右衛門は卑怯な行動に討ってでる。しばらくして信長の小姓らしき敵兵が奥の間から姿を現した。すると、惣右衛門は蚊帳の後ろに回りこみ、「うしろよりきり（斬り）申候」と臆面もなく覚書に記している。

この史料は本能寺の変という歴史的大事件の当事者が記した手記であり、当時の戦場の状況を伝える生々しい証言だが、ここではそれより、『信長公記』冒頭のシーンと矛盾している点が気にかかる。

先手に属していた惣右衛門が本能寺へ討ち入った際、鼠一匹おらず、静まり返っていたというのはどういうことなのか。冒頭の記述では本能寺の周囲を明智勢が取り巻き、その喧騒に信長は「下々の喧嘩か」と森乱に呟いている。そのあと明智勢は矢と鉄砲を放ち、攻め入ってくるのである。まるで状況がちがう。しかも、惣右衛門が攻め入ったのはまぎれもなく本能寺であり、正面の南門から乱入している。

ただし、北の方から明智左馬之助の母衣衆が注進にやって来たことから、先手衆とは別の部隊が本能寺の北にいた事実が浮かび上がってくる。その部隊はなぜ本能寺の北にいたのか。

それは信長自身、本能寺の北で寝泊まりしていたからにほかならない。実は、信長が本能寺を拡張して北側に自身の宿所となる御殿をこさえていた事実が発掘調査などによって確認されている。

よって、惣右衛門らの先手衆より早く、左馬之助の部隊が信長の宿所をピンポイントで急襲したことになる。信長の重臣であった光秀は当然のことながら、信長が本能寺に宿泊しておらず、その北側の御殿を宿所にしている事実を知っていたはず。

実際にフロイスは著書（『日本史』）に、先手衆とは別の「特別な任務を帯びた者」の存在を記している。それこそが、明智左馬之助率いる特殊部隊だったのである。

一方、『信長公記』がいう「御番衆（小姓衆）」は、森乱ら一部の者を除いて本能寺に宿泊していたのだろう。したがって彼らは、左馬之助の特殊部隊が信長の御殿を急襲したタイミングに間に合わず、遅れて北へ馳せ参じた。だからこそ、一般部隊の先手衆が本能寺へ討ち入ったとき、一部、残っていた「御番衆」を除いて、鼠一匹いないと惣右衛門が記したような状況にあったのだろう。

以上の話から、決して信長を討ちもらさないという光秀の意志とその巧みな戦術が垣間見えてくるのである。

現在の本能寺

謎10 武田信玄が上洛した理由から探る「真相」

本能寺の変からさかのぼること一〇年。元亀三年（一五七二）一〇月三日、甲斐の武田信玄は兵を率いて甲府を発ち、遠江と三河へ攻め入った。この二国は徳川家康の領国。信玄は徳川領を席巻するが、年が明けると陣中でにわかに発病した。信玄は、信濃の伊那谷へ転じて病状の回復を待つものの、四月一二日、陣中で没する。

いまわの際に信玄が「三年の間、わが死たるを隠して、国をしづめ候へ」（『甲陽軍鑑』）と遺言し、自身の死を秘匿《ひとく》させると同時に重臣の山県昌景《やまがたまさかげ》へ、「明日はそのほう、（武田の）旗をば、瀬田（大津市）にたて候へ」（『同』）、つまり、自分の遺志を継いで京に武田の旗を立てろと命じた話は有名だ。

したがって、この信玄晩年の軍事行動は、当時京を抑えていた織田信長を追い払い、信玄自身が天下に号令する目的があったとされてきた。しかし、この軍事行動には謎が多い。

まず信玄に天下へ号令する意思があったのかどうかという謎がある。

じつは、信玄が遠江へ攻め入る直前の九月二六日付で、これから越後へ出馬する旨を越中の一向一揆《いっこういっき》方に伝えているのである。信玄は越後の上杉謙信を牽制《けんせい》すべく越中の一向一揆を支援しており、このとき謙信が越中へ出兵して一揆勢を蹴散《けち》らしにかかっていたからだ。そこで、一向一揆勢を救うため、信玄は謙信の本拠越後を突こうとしたのである。

信玄に天下へ号令する意図があったら、上洛の軍を催す直前に越後出陣という二面作戦をとるだろうか。当時、武田は小田原城を本拠とする相模の北条と和睦《わぼく》していたものの、京で腰をすえて天下へ号令するには、越後の上杉とも講和しておく必要がある。実際に、信長と対立する将軍足利義昭から、武田と上杉との和睦を仲立ちする旨の書状が届けられたが、信玄は受け入れようとしなかった。

一方の義昭は将軍という立場上、天下を静謐《せいひつ》に保つ義務があり、紛争の仲裁者という面から動きにくい。よって厳密にいうと、「第二次信長包囲網」（詳細は後述）が築かれた際に武田信玄は、本願寺や越前の朝倉義景らのグループに誘われたというべきだが、その背後に義昭がいたのは間違いない。

そうなると、当時、「第二次信長包囲網」の中心にいた将軍義昭の仲立ちを断り、越後へ出陣しようとしていた信玄が、こんどはなぜ越後出陣を土壇場《どたんば》になって取りやめ、ふたたび予定を変更して徳川領の遠江へ攻め入ったのかが謎となる。

信玄の狙いはあくまで徳川領（遠江・三河）であり、上洛そのものの意図がなかったという説もある。しかし、すでに駿河を領国としている武田にとって、遠江・三河方面は、京をめざす上洛ルートでもある。

九月二六日に越後へ出陣するという決意をみせていた信玄が一〇月三日、越後とは逆の南、つまり上洛ルートをめざして甲府を発った。もちろん、信玄も急に思い立って越後から遠江へ作戦を切り替えたわけではない。少なくとも信玄は九月上旬には遠江へ出兵する準備を進めていた。だが、九月二六日には越後への出兵を決意し、一〇月三日にはふたたび、その意志をひるがえしている。信玄がわずか数日間で方針変更したのは確実だろう。「動かざること山の如し」といわれる信玄にしてはめずらしく、心がゆらいでいるといえる。

問題はその理由だ。歴史学者の鴨川達夫氏は、信玄は本願寺と信長との和睦を望んでいた節があり、元亀三年八月の時点では、まだ信長への敵意を固めていなかったとする（「元亀元年の武田信玄――「打倒信長」までのあゆみ――」『東京大学史料編纂所紀要』二〇一一年三月号）。

当時の反信長陣営（第二次信長包囲網）としては、将軍義昭を筆頭に、越前の朝倉義景や北近江の浅井長政、本願寺がある。たしかに畿内で連携する彼らにとって、大勢力である武田の調略《ちょうりゃく》は何としてもなし遂げたいところ。だが、信玄は当時、信長が低姿勢にでていたこともあっていまだ友好的な関係を結んでいた。

元亀三年ごろと考えられるが、信玄が武井夕庵《たけいせきあん》（信長の祐筆）へ宛てた書状からは、信長との友好関係が明確に読み取れる。たとえ扶桑国《ふそう》（日本）の大半が武田に属したとしても「どのような宿意を信長に抱くはずがない」と断言している。しかし、信玄も反信長陣営の誘いを断りきれなくなってくる。それでも遠江へ攻め入る直前まで信玄の心はゆれ、いったん越中へ軍を動かそうとしたのだ。やはり、将軍をはじめとする朝倉・浅井・本願寺の誘いだけでは最終的に信玄の心を動かせなかったのだろう。決め手は何だったのか。

ここで、彼らのほかに信長へ恨みを抱いていた組織に注目してみよう。前年の九月、信長に焼き討ちにされた比叡山延暦寺である。信長は光秀を比叡山のふもとにある坂本城主に抜擢《ばってき》し、山上への物資の搬入を監視させ、その復興を妨げていた。そこで比叡山は、信玄に復興への協力を求めたのである。元亀三年七月ごろには、延暦寺座主《ざす》の覚恕《かくじょ》法親王から、信玄を僧正《そうじょう》に任じる勅許《ちょくきょ》をえられるよう朝廷へ働きかけたという書状を受け取る。すでに出家して法性《ほっしょう》という院号を持っていた信玄としては名誉な話である。だが、朝廷から僧正任官の宣下《せんげ》を受け、延暦寺を再興するだけが上洛の目的ではなかっただろう。いくら好餌《こうじ》といえ、信玄ほどの武将がそう簡単に餌に釣られるはずがないからだ。

上洛すると信長と対決しなければならず、そのリスクは大きい。そうやってまだ逡巡《しゅんじゅん》するところに、天皇からの綸旨《りんじ》、つまり「密勅」が届いたとしたらどうだろう。

じつは、そのころ綸旨の発給責任者であった勧修寺晴豊が関与した綸旨の控えが残っている。

信玄本人宛てではないものの、信玄への使者に宛てたものであるという。元亀三年九月二〇日付だから、信玄が心変わりするころの日付だ。そこには、「このたび叡山炎上の事」について「法性院（信玄）」が「入洛」し、「朝家（天皇家）之盛興」のために「忠勤」を励《はげ》めという天皇の意志が述べられている（遠藤珠紀著「武田信玄への三通の綸旨」『戦国史研究』二〇一二年八月号）。つまり明言はさけつつも、叡山炎上という文言を使っているあたり、天皇家への忠勤というくだりには、叡山を炎上させた信長追討の意味がこめられているといえよう。ちなみに、延暦寺座主の覚恕法親王は、正親町天皇の弟である。信玄は、この「密勅」発給の動きを受け、信長追討と延暦寺再興のために上洛したのではなかろうか。

一方、勧修寺晴豊は本能寺の変に際し、筆者が朝廷の黒幕の一人だと考えている人物である。晴豊は当時、武家伝奏の地位にあったものの、彼がこんどは徳川家康へ密勅を下すという情報を、信長が入手していたとしたらどうだろう。しかも信長は、追討の密勅が下ってもおかしくはない事件を起こしていた。前述の恵林寺の焼き討ちである。本能寺の変の年、武田を滅ぼした信長は恵林寺を焼き討ちし、正親町天皇によって国師の称号を賜った快川紹喜を焼死させている。比叡山を焼き討ちした信長に対して追討の密勅を与える準備をしていた朝廷が、国師を焼き殺した信長を追討する大義名分は十分にあった（このあたりの話は筆者が別名で書いた歴史小説『信長の笑み　光秀の涙』（双葉社刊）を参照）。

信玄はある意味、本能寺の変を読み解くためのキーパーソンといえよう。

それでは、これまで本章で書いてきた話を整理してみよう。

①「第二次信長包囲網」が築かれた際、武田信玄は本願寺や朝倉義景らのグループに誘われたわけだが、その背後に将軍足利義昭がいたのは間違いないこと。ただし、「幕府グループ」の働きかけだけでは重い腰を上げようとしなかったこと。

②光秀が「第三次信長包囲網」の荒木村重の謀叛のころから幕府グループにシンパシーを感じていたと考えられること（詳細は後述）。

③本能寺の変当時の「第四次信長包囲網」というべき幕府グループには、毛利輝元のほか、四国の長曾我部元親が加わっており、その中心メンバーを危険にさらす四国遠征を中止させるために信長を討ったという「四国説」には、「幕府黒幕説」との関連で理解を示せること。

④本能寺の変の一〇日後にあたる六月一二日付で雑賀衆の土橋重治へ宛てた光秀の返書には、足利義昭の「上意」とその「復権計画」が述べられている。その文面からして、まずその前に光秀が義昭から「上洛」と「復権」という「上意」をえていなければならない。当時の情報伝達のスピードを考えると、鞆の浦（福山市）にいた義昭が二日未明の変事を知り、それから上方の光秀へ「上洛」の意思を伝えるには、一〇日という時間的余裕では足らないこと。

⑤つまり、光秀は、変の前に義昭から「上洛」の意思を伝えられ、幕府グループに属する長

曾我部家へ攻め入る軍勢の渡海を阻止するために謀叛におよんだ可能性は否定できないこと。

⑥しかしながら、義昭はかろうじて毛利輝元に擁立されている没落政権の主であること。

⑦その義昭の「上意」や四国政策をめぐる羽柴秀吉との確執のためだけに、ほぼ天下を掌中にした織田家の重臣という立場を捨ててまで謀叛におよぶとは考えにくいこと。

⑧ところが、幕府グループだけの呼びかけだけでは「反信長」に踏み切れなかった武田信玄と同じく、そこに天皇の綸旨があれば話が別であること。

信長の謀略が存在したかどうかはともかく、以上の理由から少なくとも筆者は、光秀を謀叛に走らせた最大の原因は朝廷からの働きかけであったと考えている。

次項に登場する老ノ坂トンネル

謎11 本当に光秀は「敵は本能寺にあり!」といったのか?

六月一日、夜に入って惟任《これとう》日向守光秀は(織田信長に)逆心を企て、明智左馬之助・明智次右衛門・藤田伝五・斎藤内蔵助らと談合し、信長を討ち果たし、天下の主となるべき調儀をきわめ――。『信長公記』は、本能寺の変のはじまりをこう告げている。

つまり、悩みに悩んだ光秀は天正一〇年(一五八二)六月一日の夜になって、重臣四人(もう一人、溝尾庄兵衛《みぞおしょうべい》が加わるという説もある)に「信長を討つ」という意思をようやく打ち明けた。すでに西国出陣の準備は終わっていた。やがて光秀は一万三〇〇〇の軍勢を率いて丹波亀山城(京都府亀岡市)を出陣する。本心を明かした重臣のほかの将兵はむろん、西国へ向かうとばかり思っていた。

明智軍は亀山から山陰道を東へ進み、丹波と山城の国境である老ノ坂に達する。そこで有名な例のシーンとなる。江戸時代の歴史家で詩人の頼山陽《らいさんよう》が次のように吟《ぎん》じたシーンである。

四簷《しえん》の梅雨　天墨のごとし　老ノ坂　西に去れば備中の道
鞭を揚げて東に指せば　天猶《なお》早し　吾が敵は　正に本能寺に在り

敵は備中に在り　汝能《よ》く備えよ

雨が降りしきり、墨のように黒い闇の中、明智光秀の軍勢は老ノ坂にさしかかる。ここから西へ向かえば備中。しかし、光秀は逆に東へ向かい、鞭を上げて、

「敵は本能寺にあり！」

と配下の将兵に号令を下す。だが、本当の敵は備中の羽柴秀吉であった――。

それでは、光秀は本当に「敵は本能寺にあり」と発言したのだろうか。頼山陽の詩によると、光秀がそのセリフを口にするのは老ノ坂だと受け取れる。ただし、老ノ坂は丹波と山城の国境にあるものの、山陰道が備中方面と京方面へ分岐するのは少し先の沓掛《くつかけ》（京都市西京区）。しかし、光秀は沓掛でもまだ将兵に本心を明かさず、「敵は本能寺」とはいっていない。

軍勢がさらに京への道を進むうち、兵らが「播磨路へ向かうという話だったのにおかしいではないか」と動揺し出した。そこで光秀の本心を知る重臣らが謀叛の一件を秘匿したまま「織田殿（信長）への謁見のために京へ入る」と告げて動揺を抑えたと『明智軍記』はいう。そこで光秀はその旨を明智軍の物頭《ものがしら》（足軽大将級）に触れ回らせた。

『川角太閤記』には、森乱（森蘭丸）が「上様（信長）が中国への出陣の準備ができたら、軍勢の馬揃えをご覧なりたいとお仰せです」と飛脚で光秀に事前に知らせて来たと記載している。

これを筆者は、光秀が六月三日の本能寺茶会に呼ばれていた可能性を示す根拠としている。光

秀は三日に出陣する予定を一日早め、信長に軍勢の威容を披露するためではなく、信長自身を討つために出陣したという解釈だ。『川角太閤記』の話は事実と考えているが、光秀はその話を将兵の動揺を鎮める材料に使ったのだろう。その後、夜通し駆けて京の近くまで進んだころ、光秀は諸勢に触れ回り、まず兵らに兵粮《へいたん》を使わせて武具の備えを確認させた。都近くまで来たときに「敵は本能寺にあり」と伝えさせたと『明智軍記』は記している。つまり、光秀が有名なセリフを口にするのは、老ノ坂でも沓掛でもなく、桂川を渡ったあたりだったという。しかし、それでもまだ謎は解けない。

明智軍の先手に属した光秀の家臣・本城惣右衛門の覚書によると、のちに彼は「本能寺というところも知り申さず」と述懐し、討つ相手を「いえやす（徳川家康）さまとばかり存じ候」と書き残しているからだ。秀光の重臣や側近の者はいざ知らず、信長からみたら陪臣《ばいしん》にあたる光秀の家臣の多くは、本能寺に信長が宿泊している事実を知らなかった。討つ相手を家康だと思っていた。光秀が「敵は本能寺にあり」といっても、兵たちは首をかしげるばかりであったであろう。したがって、光秀が吐いたとされる有名なセリフそのものが後世の作り話である可能性はぬぐい切れない。もし言ったとしても、兵たちは本能寺を攻める意味がわからなかったわけだから、それによって彼らの士気を鼓舞したというドラマティックな演出効果はなかったと思われる。

謎12 〝時間差攻撃〟だった光秀の戦術の謎

光秀は老ノ坂で「敵は本能寺にあり」といわなかった。それどころか、光秀は老ノ坂を通るルートを使わなかった可能性がある。光秀は別のルート——唐櫃《からと》越えと呼ばれる道を使って本能寺を襲ったというのだ（足利健亮著『地理から見た信長・秀吉・家康の戦略』参照）。老ノ坂越えか、それとも唐櫃越えか。いずれが正しいのだろうか。光秀が運命を賭け、六月一日の夜から二日の未明に駆け抜けた行軍ルートの謎に迫りたい。

老ノ坂越えで京へ入ったとする通説は、『信長公記』に依拠《いきょ》している。それによると、「亀山より中国へは（西への）三草《みくさ》越えの道を使うところ、東向きに馬の首を並べ、老の山（大江山）へ上り、山崎より摂津国の地を出勢すべき旨、諸卒に申し触れ、談合の者どもに先手を申しわたした」という。信長から羽柴秀吉の加勢を命じられていた光秀が中国筋へ向かうには、そもそも亀山城（京都府亀岡市）から西へ、三草越えの道（兵庫県加東市の三草山を越えて姫路へといたる道）を通る必要がある。ところが、亀山城を出陣した光秀は馬首を東へ転じ、老ノ坂を越えたというのである。

それより先、出陣にあたって光秀は、沓掛（京都市西京区）から山崎（京都府大山崎町）方面へ出勢すると諸卒に触れ出している。山崎は中国筋へ通じる西国街道の要衝《ようしょう》である。三草山越えルートをとらず、老ノ坂ルートをとれば、少なくとも沓掛までは、西国へ出陣すると触れ回っていた将兵らに動揺を与えないで進軍できる。ちなみに、明智軍の先方に属した本城惣右衛門の覚書によると、「山崎へ向かうとばかり思っていたが、京へというので、意外な思いをした」と当時を振り返っている。

一方、『明智軍記』にも、六月一日の夜、亀岡を出陣した明智勢のルートが示されており、まず光秀は篠村《しのむら》八幡宮（亀岡市）付近の野条《のじょう》で軍勢を三手にわけ、明智左馬之助率いる一手は山陰道を大江坂越え、つまり老ノ坂越えで洛西の桂へとでた。この左馬之助隊は『信長公記』と同じく、地図の①のルートを通ったことになる。だが、ここからがちがう。光秀自身率いる一手（本隊）のルートが次のように記されている。

「保津の宿《しゅく》より山中にかかり、水尾《みずのお》の陵《みささぎ》の近くを通り、事前に拵《こさ》えさせていた尾根伝いの難

現在の篠村八幡宮

光秀の「本能寺への道」

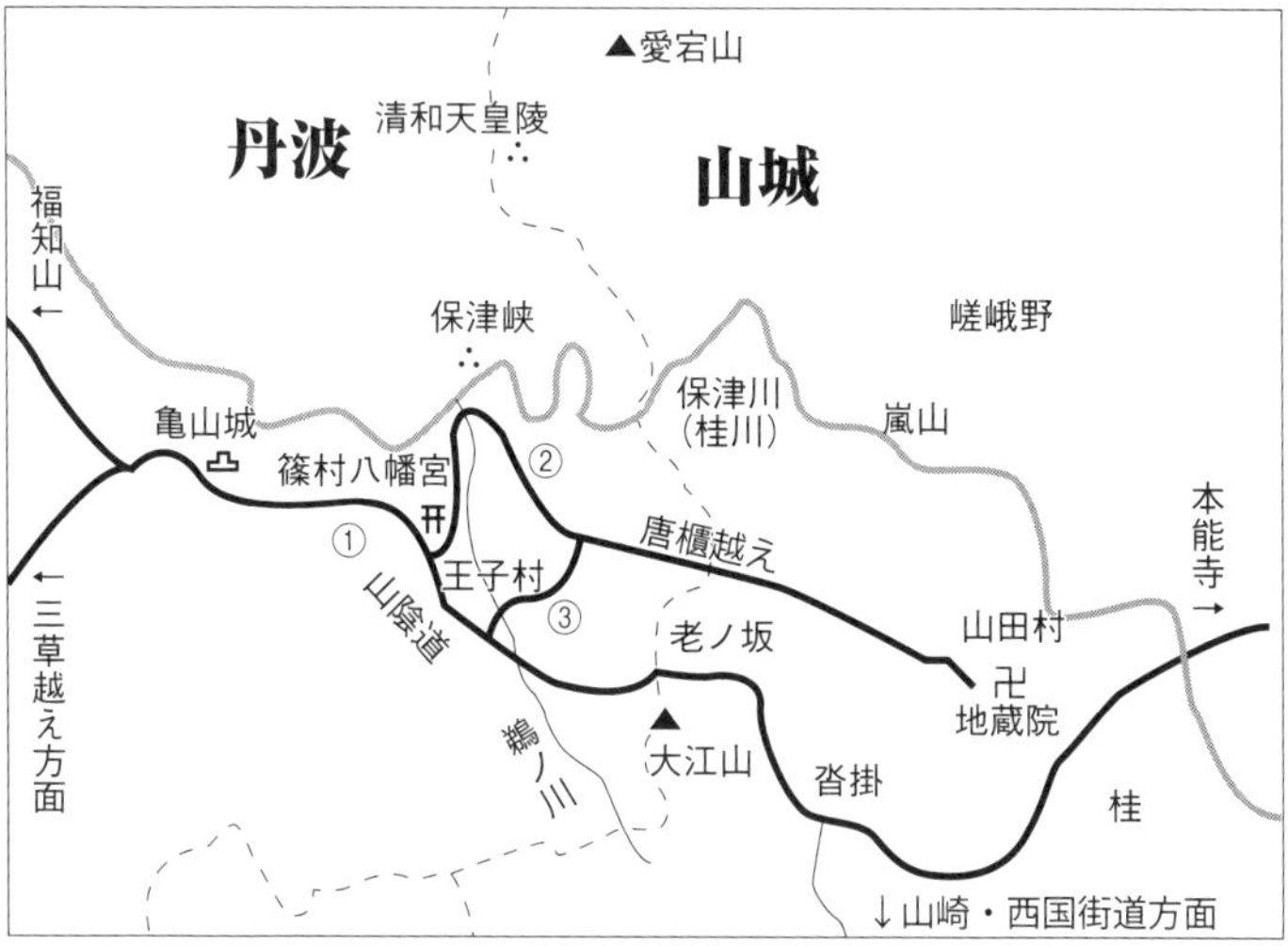

路を使い、嵯峨野のあたりの地蔵院に着陣した」

まず篠村八幡宮付近から保津川《ほづがわ》（桂川）の支流である鵜ノ川をさかのぼり、現在の景勝地である保津峡近くの保津川南岸から急峻な尾根道へ駈け上がる。ちょうど進行方向左手に水尾陵、つまり清和天皇陵をみて尾根道を進み、現在、「竹の寺」として注目を集めている地蔵院（京都市西京区）に着陣する②のルートだ。その道が唐櫃越えだ。

最後の一手は、明智次右衛門が率い、『明智軍記』にははっきりと「王子村より唐櫃越の険難をへて、松尾の山田村を通り、地蔵院近くの本陣に集結した」として、ずばり唐櫃越えの道を使ったと書かれている。これが③のルートだ。

以上三隊のうち、左馬之助の部隊が本能寺へ攻めかかり、次右衛門の部隊が妙覚寺《みょうかくじ》（信長の嫡男信忠の宿所）へ、そして後詰として光秀率いる本隊が三条堀川に控えたという。

唐櫃越えの道は、高低差が最大で四三〇メートル程度あり、尾根道とはいっても険阻《けんそ》な山道を進まねばならない。南北朝の争乱時代に南朝方の千種顕経《ちぐさあきつね》が唐櫃越えを利用し、京の七条あたりを放火したという。つまり、唐櫃越えは当時の幹線道だった山陰道の間道であった。

唐櫃越えはたしかに間道だが、それだけに隠密裡《り》に軍勢を動かすにはうってつけの道でもある。光秀は六月一日の夜、亀山を出陣し、二日の早朝、本能寺を急襲する。その間、行軍を秘匿せねばならず、唐櫃越えは軍勢の姿を隠す役目を担う道でもあった。また、『明智軍記』の記述にあるとおり、唐櫃越えの尾根道は事前に整備していたと考えられる。むろんそれは謀叛を前提にしたものではなかっただろうが、時は戦国時代。山陰道を敵に抑えられた場合に備え、亀山城から京へいたる間道を整備しておくのは、戦国武将として当然であった。

一方、『信長公記』を読むと、本能寺を急襲した明智左馬之助隊と信長の嫡男信忠の宿舎（妙覚寺）を攻めた明智次右衛門隊ではタイムラグが生じている事実に気づく。明智勢は、本能寺（信長）と妙覚寺（信忠）を同時攻撃していないのだ。

本能寺へ明智勢が討ち入った際、いまだ妙覚寺付近に明智兵の姿はなかったものの、本能寺のあたりであがる武者らの咆声は聞こえていたのだろう。このとき信忠は父の窮地を救うべく、妙覚寺から本能寺へ向かおうとした。そこへ京都所司代の村井貞勝が駈けつけて来て、「本能寺の御殿はすでに焼け落ちてしまいました」といった（『信長公記』）。貞勝の邸は本能寺のすぐ近くにあったが、気づいたときにはもはやなす術なく、なんとか嫡男信忠だけでも救おうと、妙覚寺へ駈けこんで来たものとみえる。そして貞勝は「二条新御所（二条城）は御構えよいところです。そこに立て籠もりましょう」と進言するのだ。二条新御所は、信長が誠仁親王を事実上幽閉しているところ。構え（防御機能）はたしかに妙覚寺よりしっかりしており、信忠は誠仁親王らを内裏へ退去させた後に籠城する。明智勢はこの二条城の攻撃に手こずってしまう。とてものこと、鮮やかに信長の命を絶った同じ明智勢による手口とは思えない。

では、このようなタイムラグがなぜ生じたのか。それは、左馬之助隊が幹線道路である山陰道を駆け抜けたからだ。亀山から本能寺までは直線距離にすると二〇キロ足らず。山陰道を使うと行軍を秘匿するのはむずかしいかもしれないが、光秀は先手に関してはスピードを重んじたのだろう。この山陰道を駆け抜けた部隊の中に左馬之助がじかに率いた「特殊部隊」があり、同じ先手衆である本城惣右衛門が本能寺に着いたころ、すでに勝負は決していた。

一方の次右衛門隊が遅れたのは、峻嶮な唐櫃越えを行軍するのに時間がかかったからだろう。光秀が先手衆である左馬之助隊に幹線道（山陰道）を進ませたのはスピードを優先し、確実に本能寺にいる信長の息の根を止めるためだ。しかし秘匿性にも配慮し、一万三〇〇〇の全軍を幹線道へ差し向けることはできなかったのだ。いくら幹線道路とはいえ、一万三〇〇〇の全軍が移動するともなると、やはり通るのに時間がかかるし、目立ちすぎる。そこで自身と次右衛門には、唐櫃越えの道を使う別ルートを選んだのであろう。

こうみてくると、信長さえ抹殺すれば、最悪の場合、妙覚寺に駐留する信忠は討ちもらしても構わないという光秀の考えが透けてみえてくる。もしも光秀が天下を狙うつもりで謀叛におよんだのなら、信長と信忠の父子二人を確実に葬《ほうむ》り去らねばならない。じつはこのとき、信長は形式上、信忠に家督《かとく》を譲っており、信長というビッグネームがこの世から消えても、信忠を頂点とする織田家は残り、謀叛人の光秀がそこに入りこむ余地はなくなってしまうからだ。

それでは、『信長公記』の記述が誤りなのだろうか。たしかに明智勢全軍が老ノ坂越えで沓掛の追分《おいわけ》（分岐点）にいたったようにも読めるが、「談合の者どもに先手を申し次ぐ」というところがポイントになりそうだ。光秀が前夜、本心を伝えた談合衆（明智左馬之助・明智次右衛門・藤田伝五・斎藤利三）の四人のうち、明智次右衛門・藤田伝五の二人は唐櫃越えの道を進んだが、明智左馬之助と斎藤利三は山陰道を進んでいる。じっさいに本能寺を襲ったのは彼らであり、『信長公記』の記述を先手衆の行軍ルートに限定したものと解釈すれば、『明智軍記』との矛盾は解消される。

信用してはいけないといわれる『明智軍記』（詳細は後述）だが、三手にわけて行軍した事実とそのルートに限ると、きわめて正確だったといえるのではなかろうか。

謎13 信長亡き後に光秀が描いた「戦略」と「誤算」

ギリギリまで織田信長を討つべきかどうか迷った光秀だが、謀叛を決意した後、もちろん確固たる「戦略」をもって動こうとした。

変の後、光秀が将軍足利義昭と連携したのは事実であろう。紀州雑賀衆の土橋重治へ宛てた直筆の密書からは、光秀が「将軍復権計画」に協力する意思があったと読み取れる。しかし、没落した征夷大将軍の義昭が念願の上洛と復権を果たすために光秀を利用し、光秀がまんまとその術中にはまってしまったわけではあるまい。人脈的に「幕府グループ」に属している光秀だが、かつての武田信玄と同じく、権威として彼が期待したのは朝廷だったはずだ。そうはいっても、光秀としては使える権威ならどんなものでも使ってみたかっただろう。したがって「将軍復権計画」に協力する姿勢をみせたのである。その将軍義昭は毛利に擁立されている。毛利が羽柴秀吉を背後から蹴散らし、義昭を擁して上洛すれば光秀にとって心強い半面、今度は権力の座をめぐり、毛利輝元との確執を招きかねない。

たとえば、上杉景勝の家臣河隅忠清《かわすみただきよ》が直江兼続《なおえかねつぐ》（景勝の重臣）に宛てた書状には、魚津に明智の使者がやって来て、光秀は「無二の御馳走申し上ぐる」と伝えたという。この部分が問題になっており、上杉家が将軍義昭に「御馳走」、すなわち協力すべきだという意味にとる説、光秀が上杉家に「無二の御馳走」をおこなうから味方になって欲しいという意味の二説に分かれている。しかし、前者なら「上様（義昭）」という言葉が入っていてもよさそうなのにそれがない。おそらく後者だろう。

光秀の「戦略」では信長を討った後、すぐさま安土城を接収し、天下に号令するはずだった。信長の城に入ってこそ、朝廷も世間も光秀を「ポスト信長」と認めざるをえない——そう考えていたはずだ。これこそが光秀の「戦略」の肝《きも》であった。朝廷が信長追討の綸旨を発給しようがしまいが、朝廷に「明智政権」を認めてもらえば、織田配下の諸将も地方の大名も追随するしかない。その上で畿内全域を抑える。もしも毛利輝元が将軍義昭を擁して上洛しても、光秀の風下に立たざるをえない。また、将軍義昭が復権したとしても、彼を敬う姿勢をみせつつ、信長がそうであったように、うまくコントロールすればいい。もしかすると光秀は〝新生室町幕府〟の管領か、あらたに執政職をもうけ、そのポストにおさまるつもりだったのではなかろうか。

その「戦略」にもとづき、信長父子を討った光秀は安土城接収のため、まず近江の瀬田（大津市）へむかった。瀬田には有名な「唐橋」がかけられている。琵琶湖から流れ出る瀬田川にかかるのはこの橋だけ。安土へむかうにはここを通るしかない。逆にいうと、この橋はきわめて重要な拠点となっている。

ところが、『信長公記』によると、光秀が「(瀬田城の)山岡美作《みまさか》(景隆《かげたか》)・山岡対馬《つしま》(景佐《かげすけ》)兄弟」に「人質出《だ》し、明智と同心仕り候へ」と申し入れたところ、山岡兄弟は「信長公御厚恩浅からず」という理由をあげ、瀬田の唐橋を焼き落とし、居城に火をかけて甲賀山中の山中城へ退去したという。坂本城と瀬田城は至近の距離にあり、山岡景隆とはその妹を明智家の嫁に迎えようとする関係だったから、光秀は驚いたことだろう。これですぐ安土城を接収できなくなった。のっけから光秀の「戦略」に狂いが生じたのだ。かつてより筆者は、これこそが光秀の大きな「誤算」だったと指摘してきた(『信長は光秀に「本能寺で家康を討て!」と命じていた』ほか)。光秀はすぐさま橋の補修を命じるが、そこで三日もロスしてしまい、光秀が安土に入城できたのは六月五日になってからである。

ここから〝誤算のドミノ倒し〟がはじまる。明智方となった京極《きょうごく》高次《たかつぐ》や阿《あ》閉《つじ》貞征《さだゆき》らの近江勢に命じて秀吉の居城長浜城を落とし、城代として重臣の斎藤利三を入れた。しかし、このころ備前の秀吉はすでに信長の死を知り、毛利との講和をすませてしまっている。翌六日、秀吉は陣払いをおこない、世にいう「中国大返し」をはじめている。

光秀は山城や河内へ兵を出し、近江につづいて山城をほぼ制圧したが、もっとも期待した大和の筒井順慶と丹後の細川藤孝の協力はえられなかった。また、光秀は安土とともに織田家の重要な居城である岐阜城の接収を目論んだものの、それもうまくいかなかった。つまり順慶や藤孝ですら、安土城に入ることすらできない光秀を「ポスト信長」と認めていなかったのだ。

ようやく光秀が五日に安土へ入り、その二日後（七日）、朝廷の使者（吉田兼見）がやって来て、朝廷からの下賜品を受け取った。朝廷に「明智政権」を認めさせたのである。だが、遅きに失した。

その日の夜、秀吉は「中国大返し」によって姫路城までもどっていた。光秀がその情報に接したのは八日だったと考えられる。八日まで安土にいた光秀は九日には吉田兼見の京の邸で食事をともにした後、京にとどまらず、京南郊の下鳥羽《しもとば》（伏見区）に布陣するからである。こうして後手にまわった光秀は、下鳥羽に布陣した四日後、山崎の合戦で大敗するのである。

謎14 光秀は羽柴秀吉の「行軍ルート」を読み切れなかったのか？

羽柴秀吉は備中高松城（岡山市）を包囲中に信長の訃報《ふほう》に接し、いわゆる「中国大返し」で山陽道を駆け抜け、天正三年（一五八二）六月一三日、山崎で光秀の軍勢を打ち破る。史料によって①六月六日出発説、②六月四日出発説があり、筆者は①をとっている。ちなみに②は「六月四日高松城発→五日沼城（岡山市）着→六日姫路城着→九日姫路城発」となる。これだと、姫路で秀吉が三日も時を費やしているのが気にかかる。敵（毛利）の勢力圏から居城する姫路へもどり、兵に休息を与え、上方の情勢を探るのが目的だったとされているが、それでも、ゆっくりしすぎている。しかも毛利勢が陣を引いたのは六日。いくら毛利が正確な情報をつかんでいなかったとはいえ、毛利の撤兵前に大返しを開始したのでは、毛利勢に背後を突かれる恐れがある。①説にもとづいても、九日の朝、秀吉軍は居城の姫路を出発する。秀吉軍は姫路までかなり無理な行軍をしているが、ここから先からは対陣中だった毛利輝元の大軍の脅威は消え、上方の明智勢の情勢を探りながら、ゆっくり京へ近づいている。

光秀が秀吉の大返しに気づいたのは既述のとおり、八日であったであろう。こうして光秀は、当面の敵を秀吉軍にすえた。ただし、秀吉よりももっと近いところに光秀の敵はいた。信長の三男信孝が丹羽長秀・織田信澄らとともに四国への渡海を目前にひかえて大坂・住吉・堺に陣していたからだ。彼らの目的は四国の長曾我部元親を攻め滅ぼすこと。ところが、本能寺の変報に狼狽して兵の脱走が相次ぎ、信孝が疑心暗鬼に駆られて光秀の娘婿である信澄（詳細は後述）を殺している。すでに軍勢としての体裁はなしていなかった。信孝としては秀吉の大返しに期待し、合流するまでもちこたえるしかなかった。したがって光秀が淀川左岸の下鳥羽（伏見区）に布陣したのは、大坂方面の信孝軍への牽制の意味もあったのだろうが、やはり山陽道を京へ向けてひた走る秀吉軍をメインの敵とみなしていたはずだ。

　下鳥羽は淀川左岸はむろん、右岸にもでられる交通の要衝。当時、大坂方面から京へいたる道は二ルートあった。秀吉は、摂津から淀川右岸沿いにさかのぼり、そのまま山崎方面へと向かうルートを取り、摂津富田《とだ》（大阪府高槻市）で淀川を渡河してきた信孝軍と合流した。しかし、大坂からは河内方面から東高野街道を経て進む道もあり、淀城や下鳥羽・上鳥羽を経て洛中に通じている。つまり、明智勢が布陣した下鳥羽は、秀吉が淀川右岸・左岸いずれの道を選択しても対応できる土地だった。ここまではよかった。だが、ここで大きな誤算が生じる。娘婿の細川忠興のほか、一時は光秀へ与《くみ》するといっていた筒井順慶がその期待を裏切り、兵を出さなかったのだ。こうして光秀のもとに軍勢は集まらなかった。

ここで秀吉との決戦地となった山崎の地形に注目したい。航空写真をみると一目瞭然だが、山崎付近では、天王山の山裾が大きく東の淀川方面へ張り出し、わずかな平地の上を街道が南北に走っている。まさに〝山の先（崎）〟という地形なのだ。秀吉軍はこの隘路を進むしかない。もしも明智勢が天王山を占拠しつつ、街道をふさぐように迎撃したら、秀吉軍は袋のネズミとなって、ひとたまりもなかっただろう。実際に明智勢は山崎に軍勢を駐留させ、優位な態勢を敷いていたが、撤退させている。

秀吉が確実に淀川右岸を来るとわかっていたら、撤退させなかっただろうが、兵力が不足し、秀吉が淀川左岸を攻め上ってくる可能性がある以上、両方向に対応するしかなかったのだ。

光秀は一一日ごろ、淀川左岸の淀城の増築（普請）を命じている。そこからも、淀川をわたり、右岸の山崎へいたる道が通じていたからだろう。一一日の時点でも光秀は、秀吉軍（信孝の軍勢を含めて）が左岸・右岸どちらの道を進んでくるのか、わからなかったのだ。

結果、迎え撃つという軍事的優位性を存分に発揮できなかった明智勢は、およそ一万八〇〇〇（『明智軍記』）の軍勢をもって、総勢四万にふくらんでいた（『太閤記』）秀吉軍と戦うことになった。軍勢の士気といい、その数といい、秀吉軍が圧倒していた。

光秀は山崎で秀吉軍と決戦する前から、敗色濃厚な状況に追いこまれていたのである。

謎15 「山崎の合戦」でなぜ光秀は敗れたのか？

勝負事の勝敗の分かれ目を「天王山」と呼ぶ。これは山崎の合戦の際、羽柴軍と明智軍がこの山の占領を争い、秀吉の手に帰したことが勝敗を決したためだとされるからだ。

六月一二日の夜、各史書は天王山で前哨戦《ぜんしょうせん》がはじまったことを伝える。

秀吉軍の先鋒・摂津衆の高山重友が山崎村を占拠するや、高山勢に遅れてならじとばかりに同じく摂津衆の中川清秀が、家臣の「こたびの合戦は、天王山を取り敷く方、勝利なるべし」という進言を容《い》れ、三〇〇〇の兵の一部を天王山占拠にむかわせるのである（『中川家譜』）。

一方、光秀が翌一三日黎明《れいめい》、一隊を天王山へ攻め上らせ、秀吉軍の本隊からも堀尾吉晴《ほりおよしはる》らが加勢すると、天王山の争奪戦がはじまる。『新撰豊臣実録』によると、秀吉の弟・羽柴秀長や黒田官兵衛（のちの如水《じょすい》）らが吉晴の勢に加わり、この戦略拠点は秀吉方の手に帰した。しかし、以上の史料は江戸時代に書かれたものであり、とくに『中川家譜』が必要以上に清秀の手柄を誇るために話を誇張しているため、いまでは天王山争奪戦はなかった――というのが通説になっている。

山崎の合戦の古戦場

期待していた筒井順慶や細川藤孝からも見放され、孤立無援の状況になった光秀は、天王山に軍勢を割いて本隊が手薄になるより、別の作戦を考えた。

山崎の合戦の際の光秀の本陣は「御坊塚」であったと諸書にあり、これまで境野《さかいの》一号墳（京都府大山崎町）だとされてきたが、平成二三年（二〇一一）に長岡京市埋蔵文化財センターが恵解山《いげのやま》古墳（京都府長岡京市）を調査したところ、火縄銃の弾のほか、兵が駐屯するために古墳を平らに整形した曲輪《くるわ》の跡が見つかり、幅四〜五メートル・深さ二メートルの総延長四九メートルにわたる堀跡も認された。にわか拵《こしら》えの陣地の特徴をよくあらわしていることから、いまではここが光秀の本陣だったと比定されている。これまで比定されてきた明智陣地より北寄りにあり、光秀は淀川に注ぎこむ小泉川（旧円明寺《えんみょうじ》川）と小畑川の間を陣地にしていた。

一方、秀吉は天王山のふもとを本陣（現在の宝積寺《ほうしゃくじ》境内）にしていた。前ページの写真は天王山の中腹から合戦場を望んだところだが、写真中央の高架自動車道に沿って、明智陣地の前線にあたる小泉川が流れている。

光秀は陣地を死守さえすれば、いわば寄せ集め部隊である羽柴勢は退却をはじめるとみていたのだろう。しかも、羽柴勢が退却するには、天王山と淀川に挟まれた狭隘な土地を抜けなければならない。追撃して殲滅《せんめつ》できると考えたはずだ。

運命の日、一三日の夜が明けると、両軍は雨の中、小泉川をはさみ、北に明智軍、南に羽柴軍が対峙した。明智軍一万八〇〇〇（『明智軍記』）に対して、秀吉軍は諸勢を糾合して数はふくらんでいた。大坂で渡航準備していた織田信長三男・信孝の軍勢や摂津衆をあわせ、総勢四万（『太閤記』）におよんだという。

南蛮人宣教師のルイス・フロイスは正午ごろに戦いが終わったと書いているが、前哨戦と勘違いしているのではなかろうか。両軍とも火縄銃が使えるよう雨がやむのを待っていたと思われる。しかし、雨はやまなかった。

『兼見卿記』を参考にすると、総勢六万近い大軍が動くのは午後四時ごろ。各史料からみて、先に攻撃を仕掛けたのは明智勢だったとみられる。ところが、日没までの二時間程度のわずかな間に決着がつく。秀吉軍先鋒（右翼）の摂津衆・池田恒興《つねおき》が明智勢の左翼に猛攻を加え、その隙《すき》に後続の加藤光泰《みつやす》隊が迂回（中入り）して明智軍を急襲したためであった。この急襲に狼《ろう》狽《ばい》した明智の将兵は算を乱して逃走し、明智軍は自壊する。

秀吉軍が二倍以上の軍勢を擁していたとはいえ、天下分け目の合戦にしては、あっけない幕切れであった。秀吉は摂津衆の奮戦で勝機をえたわけであり、逆に光秀は彼らを麾下に組み入れられなかったことが大きかった。それともう一つ、歴史研究家・作家の橋場《はしば》日明《あきら》氏は、光秀は羽柴勢を陣地内にできるだけ引きつけ、鉄砲隊で大打撃を与えるつもりだったものの、雨が降っていたた

本経寺にある供養塔

めに鉄砲の威力を十分に発揮できなかったとする（「再考　明智光秀の山崎合戦」（『歴史群像』二〇一八年六月号）。

じつは、光秀が淀城（京都市伏見区）から桂川（淀川）を渡河して山崎へ軍を進める際、「その夜、雨のしきりに降りけるに桂川を無理に越しける故、鉄砲玉薬も濡れて用に立たざりし」（『老人雑話』）と記されている。雨が降っているのに無理やり渡河したから、鉄砲の火薬が使い物にならなくなってしまったという。合戦は梅雨の季節におこなわれているというものの、当日の天気といい、光秀は〝雨〟に祟られているイメージがある。

その光秀は、いったん退いた勝竜寺城（本能寺の変後、明智勢が接収していた＝長岡京市）から居城の坂本城（大津市）へ逃げ帰る途次、小栗栖（伏見区）で百姓の槍《やり》にかかって生涯を終えることになっているが、そこで死ななかったとする生存伝説も残っている（補章参照）。ただ、その〝生き残った光秀〟も最後は川を渡河中に溺死する。事実だとすると、雨で川の水量が増していたからであろう。やはり、〝雨〟に祟られているのである。

第二章

謎だらけの「前半生」

――真実はどれだ！

謎16 五説ある「生年」のうち正しいのはどれ？

南蛮人宣教師ルイス・フロイスによると、織田信長は天文三年（一五三四）五月一二日に生まれている。新暦（グレゴリオ暦）では「かに座の六月二三日」生まれとなる。林原美術館と岡山県立博物館が二〇一四年、本能寺の変の謎の解明につながる新史料（「謎04」参照）を公表したのも六月二三日。わざわざ信長のバースデーに合わせた粋な計らいだった。

それでは、長らく信長の敵役とされてきた本稿の主役、明智光秀のバースデーはいつなのか。『明智氏一族宮城家相伝系図書《そうでんけいずしょ》』によると、享禄《きょうろく》元年（一五二八）八月一七日。新暦では「おとめ座の八月三一日」生まれとなる。かに座とおとめ座の相性はどうだろうか。そこで調べてみると、占い総合メディア『占いテレビニュース』のサイトに、その相性は「一二星座中最高の相棒」だと書かれている。

「人の役に立ちたいと思う気持ちが強く、人助けの使命感で一致団結できる二人ですから共通目的があるときに、より絆《きずな》が強くなります。蟹座のおおざっぱなところを、乙女座がフォローしてくれます。そして精神的にもろい乙女座を、蟹座が力強く励まします。蟹座の優しさと強さが乙女座の力になります。お互いの欠点を補いながら、助け合える組み合わせです」

この話を二人にあてはめると、光秀と信長は互いの欠点を補い合い、互いに信頼し合う最強の君臣――そんな関係となる。

しかし、『続群書類従《ぞくぐんしょるいじゅう》』所収の『明智系図』を読むと、同じく享禄元年ながら、光秀は三月一〇日の生まれ。新暦では「おひつじ座の三月三〇日」がバースデーとなる。かに座とおひつじ座の相性は「激しい蟹座の涙ながらのグチにも、怒りの噴火にも、テンション高い恋愛話にも、牡羊座はいつも変わらない笑顔で付き合ってくれます」とでる。やはりここでも、信長の欠点を補う役目の光秀という構図だ。いずれにしても、この二人の相性はすこぶるいい。

もちろん、本書は星座占いの本でもなければ、信長と光秀の相性を語る本でもない。したがって、占いの話はあくまで余談だが、以上みてくると、誕生日は系図と伝承によってまちまち。それは光秀の生年についてもいえる。

もっとも生年が早いのは、永正《えいしょう》一三年（一五一六）。

安土桃山時代から江戸時代の初めまでの諸大名の興亡を記した『当代記』（作者は徳川家康の外孫・姫路城主松平忠明《ただあきら》といわれるが不詳）に、天正《てんしょう》一〇年（一五八二）六月一三日、光秀が山崎の合戦で敗れたくだりに「相果て跡形なくなり」とした後、「ときに明知歳六十七」と付記している。その後、光秀は小栗栖《おぐるす》（京都市伏見区）で百姓の槍にかかって無残な最期を遂げる。

そのくだりでも「百姓らに打殺さる」の後にふたたび「歳六十七」と付記している。二回もわざわざ年齢を付記する作者の意図はどこにあるのだろう。光秀が没した年を六七歳だったとする説に作者は自信があり、それが一般的にいわれた年齢とちがったため、強調したかったのではなかろうか。

天正一〇年に六七歳だった光秀の生年はそこからさかのぼり、前述した永正一三年生まれとなる。その年には、信長や豊臣秀吉・徳川家康はもちろん、武田信玄も上杉謙信も生まれていない。信玄や謙信より一世代前の戦国武将、毛利元就《もとなり》でさえ、まだ一〇代後半だった。

「六七歳説」に従うなら、本能寺の変の際、四九歳だった信長との年の差は一八歳。父子といってもいい開きがある。「人生五〇年」といわれた当時にすればかなりの高齢。よって光秀はいまでいう痴呆症にかかっており、それが本能寺の変を読み解くヒントだという説まである。

このほか、光秀の生年を年齢の高い順に並べ、検討してみよう。

六七歳に次いで長寿なのが「六三歳説」。これは江戸時代の軍記物『織田軍記』に拠《よ》る。江戸期の元禄時代に成立したとされる軍記物、すなわち読み物だ。軍記物すべてを否定するつもりはないが、『織田軍記』の史料的価値はほとんどない。よって「六三歳説」は却下する。

次に「五七歳説」というのもある。肥後《ひご》熊本藩細川家の家史である『細川家記』にある説だ。熊本藩の正史だから軍記物よりはるかに信頼できる。ただし、一八世紀の終わりになって編纂《へんさん》されたもので、光秀が生きた時代からあまりにも時間が経ちすぎている。

最後に「五五歳説」。一般的にはこの説が採用されている。『明智軍記』が光秀の生年を「子年」とし、没年の天正一〇年を五五歳としているからだ。『明智軍記』は元禄時代ごろに書かれた軍記物。「誤謬満載《ごびゅうまんさい》の悪書」とされ、史料的価値は認められない。ただし、第一章でみたとおり、信頼できる記述がないわけではない。といっても軍記物の生年をそのまま信じるわけにはいかない。ではどうして悪書である『明智軍記』の主張が通説となっているのだろうか。

天正一〇年に五五歳だった光秀の年齢を逆算すると享禄元年生まれ。前述した系図のいずれもが光秀を享禄元年生まれとする。なかでも『続群書類従』所収の『明智系図』は、寛永《かんえい》八年（一六三一）に妙心寺（京都市右京区）の僧が喜多村《きたむら》弥平兵衛《やへいひょうえ》という人物に宛てて書いたと記され、系図の作成年が明らかになっている。系図も信用できないものが多いのだが、この系図は由緒もしっかりしており、『明智軍記』は同系図をもとに光秀の没年を五五歳としたのだろう。

以上の結果、光秀の生年は「五五歳説の享禄元年生まれ」か「六七歳説の永正一三年生まれ」のいずれかが正しいとみるべきだろう。しかしながら、このうちどちらかを選ぶのはむずかしい。五五歳と六七歳では干支でひとまわりほども離れており、はなはだ無責任な気もするが、本書ではそのいずれかで通したい。

謎17 二つある「明智城」の謎

光秀の生まれた年が「享禄元年」と「永正一三年」の二説あるのと同じく、そのゆかりの明智城もまた、二つある。どちらが正しいかを検討してみよう。

一つ目は、岐阜県恵那《えな》市明智町城山の明知城。JR中央線「恵那」駅から明知鉄道に乗り換えて終点。「明智」駅から徒歩二〇分のところにある。別名を明智城または白鷹《しらたか》城と呼ぶ平山城。

この城は鎌倉時代の宝治《ほうじ》元年（一二四七）、鎌倉幕府の御家人・遠山景廉《かげかど》の孫である遠山景重《かげしげ》によって築かれた。景重の本拠は、同じ明知鉄道の沿線にある岩村城（日本三大山城の一つ）。明知城は岩村城の遠山氏を宗家とする一族の居城となった。ちなみに、この遠山一族と岩村・明知の両城は戦国時代の有名な逸話の舞台となっている。

元亀三年（一五七二）、岩村城主遠山景任《かげとう》は、合戦の怪我がもとで死去してしまう。妻は織田信長の叔母だとされる女性。おつやの方あるいは岩村御前と呼ばれる。岩村城は当時の信長にとって地勢的に重要な拠点だった。というのも、武田の領国（甲斐・信濃）から信長の領国（美濃方面）への出入口にあたっていたからだ。当時、岩村城内は織田・武田両派に分かれていたが、

二つの明智城関連図

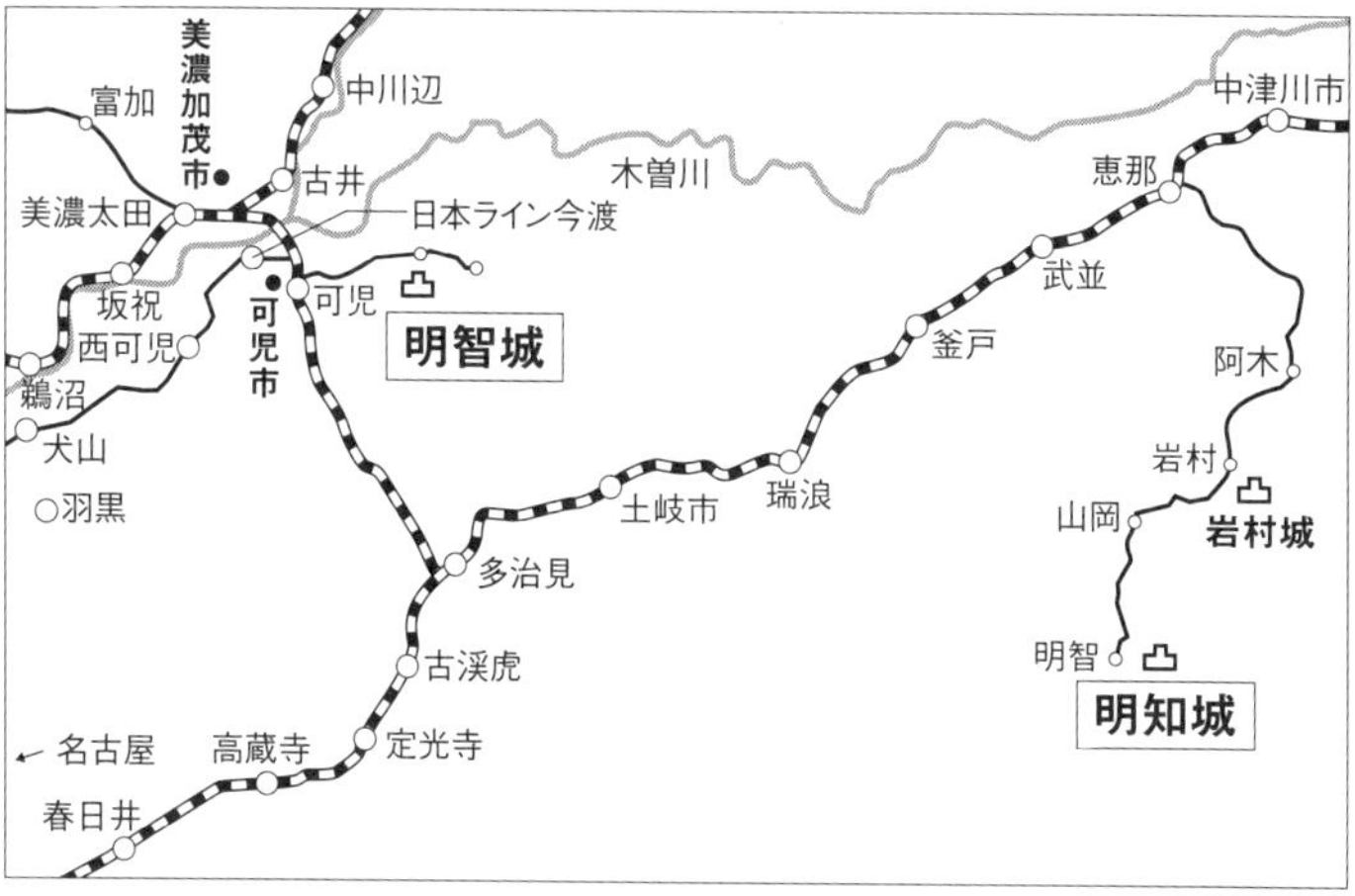

信長は城主景任の死去を受け、五男の御坊丸《ごぼうまる》（のちの織田勝長《かつなが》）を叔母おつやの方の養子として岩村城へ送りこんだ。御坊丸に跡を継がせ、この重要な城を織田のものにしようと謀《はか》ったわけだ。おつやの方は養子の件を家臣らに認めさせ、織田・武田両派に分かれていた家臣団を織田一本にまとめたとみられている。御坊丸はいまだ幼く、実質的な城主はおつやの方だった。彼女こそ、正真正銘の「おんな城主」である。こうして岩村城は織田方の城となり、遠山一族による岩村・明知両城の歴史に幕が下りる。ちなみに遠山氏は徳川家の旗本として仕え、江戸の名町奉行とされる〝遠山の金さん〟こと遠山金四郎景《かげ》元《もと》は、遠山氏の一族といわれている。

　ところが、武田信玄がそのあとすぐ西上《せいじょう》の軍勢を催し、岩村城は武田の手に落ちる（明知城落城については「謎42」参照）。信長は多方面に敵を抱え、岩村・

明知両城へ援軍を送る余裕がなかった。寄せ手の大将である信濃飯田城主の秋山虎繁《とらしげ》（信友ともいう）は岩村城に開城を呼びかけ、このとき彼は前代未聞の要求をつきつける。未亡人のおつやの方に求婚したのだ。結果、虎繁は押しかけ女房ならぬ〝押しかけ婿〟のような形になった。おつやの方も援軍がない以上、この申し出を断りきれずに再婚する。しかし、信玄が陣没し、天正三年（一五七五）、武田勝頼が長篠の合戦で信長に大敗すると、織田の総攻撃を受けて城は陥落。その際、おつやの方も処刑されたとされている。

以上、どこにも光秀につながる明智氏が登場する気配がなく、明知城はその名に「あけち」の名がついているものの、光秀の明智氏とは関係がないといえる。

二つ目は、岐阜県可児《かに》市瀬田の明智城だ。名鉄広見線「明智」駅から徒歩二五分。標高一七五メートルの山頂付近に本丸がもうけられた山城だ。別名・長山城とも呼ばれる。

このあたりには石清水八幡宮《いわしみず》（京都府八幡市）の荘園・明知荘が置かれ、『美濃国諸旧記』によると、美濃守護土岐頼康《よりやす》の弟・土岐明智次郎長山下野守頼兼《しもつけのかみよりかね》が南北朝時代の康永《こうえい》元年（一三四二）、この地に城を築いたという。ようやくここに氏名として「明智」が登場してきた。

この土岐明智長山氏が歴代ここに居城し、光秀はその裔《すえ》だとされる。ならば、この明智城こそが光秀生誕の地なのか。ここが土岐明智氏の城であったところまでは信じてよさそうだが、残念ながら、この城と光秀とがスムーズに結びつく話は存在しない。

謎18 系図で読み解く「光秀の氏素性」

土岐明智氏の由来を解く系図はいくつかある。その一つ、『続群書類従』所収の『明智系図』（以下・『明智系図』とする）には、土岐頼重が「明智と称す」とあり、土岐頼重あらため明智頼重を土岐明智氏の祖とする。土岐明智次郎長山下野守頼兼を土岐明智氏の祖とする話（前項参照）と矛盾するが、ここでは『明智系図』などにもとづいてその流れをひも解いていこう。

土岐氏は清和源氏《せいわげんじ》の流れを汲み、源頼光《よりみつ》の子頼国が美濃守となって土岐頼貞の時代に美濃国土岐郡土岐郷（土岐市）の郷名《ごうめい》を氏名《うじめい》とし、室町幕府将軍足利尊氏《あしかがたかうじ》に従って軍功をあげ、美濃守護に任じられた。この頼貞が土岐氏初代。庶子家もまた栄え、二〇余家が室町幕府の奉公衆（将軍に御目見《おめみえ》できる幕府御家人のこと）になっている。庶子家には光秀の正室となる熙子《ひろこ》の実家・妻木《つまき》氏、本能寺の変のカギを握る武将石谷頼辰《いしがいよりとき》の石谷氏もある。

土岐明智氏もむろん有力な庶子家。『明智系図』によると、土岐頼貞の末子頼基は早世してしまうが、その子が前述した土岐（明智）頼重。その時代、観応《かんのう》の擾乱《じょうらん》と呼ばれる内訌《ないこう》（将軍足利尊氏と弟直義《ただよし》を中心とする内部抗争）が幕府をゆるがせており、その際の恩賞の宛行《あてがい》状などが付記されている。その九代後が光秀の父光隆《みつたか》だ。

光隆の欄には、彼が明智玄蕃頭《げんばのかみ》と称し、武田義統《よしむね》（若狭武田氏の当主）の妹を妻にしたと記されている。また、天文一一年（一五四二）から同一四年にかけての「土岐一族敗北（美濃の内乱）の節戦死」とある。光秀の生年を通説どおり、享禄元年（一五二八）だとすると、光秀はまだ一〇代半ばに合戦で父を失くしていることになる。

明智氏の系譜類は詳細に現存する系図類を検証した谷口研語氏が指摘するとおり、その発祥のころより錯綜《さくそう》し、ほとんど信用できないようだ（『明智光秀　浪人出身の外様大名の実像』）。

ただし、『明智系図』には、信用できない面が一部あるものの、江戸時代初めの寛永八年（一六三一）六月一三日、京都の妙心寺塔頭の僧によって作成され、現存する系図類の中では比較的その由来がはっきりしているものの一つ。また、系図の末尾に「慈父光秀尊」という記載があり、系図を作成した妙心寺の僧が光秀の実子の一人であることもわかる。歴史学者の田端泰子氏は、系図が喜多村弥平兵衛という人物宛てに書かれたものであることに注目し、その妙心寺の僧について「光秀の側室喜多村出羽守保光《やすみつ》の娘を母とする僧玄琳《げんりん》だ」としている（田端泰子著「明智光秀出自の謎を解く」『歴史読本』二〇一四年六月号）。戦国時代、僧籍に入った者は敗れた一族であっても連座は免れるという慣習があった。僧玄琳は出家の身であるため、生をまっとうできたのだろう。ちなみに彼が系図を作成した寛永八年に六五歳であったことが系図で確

『明智系図』にもとづく明智氏系図

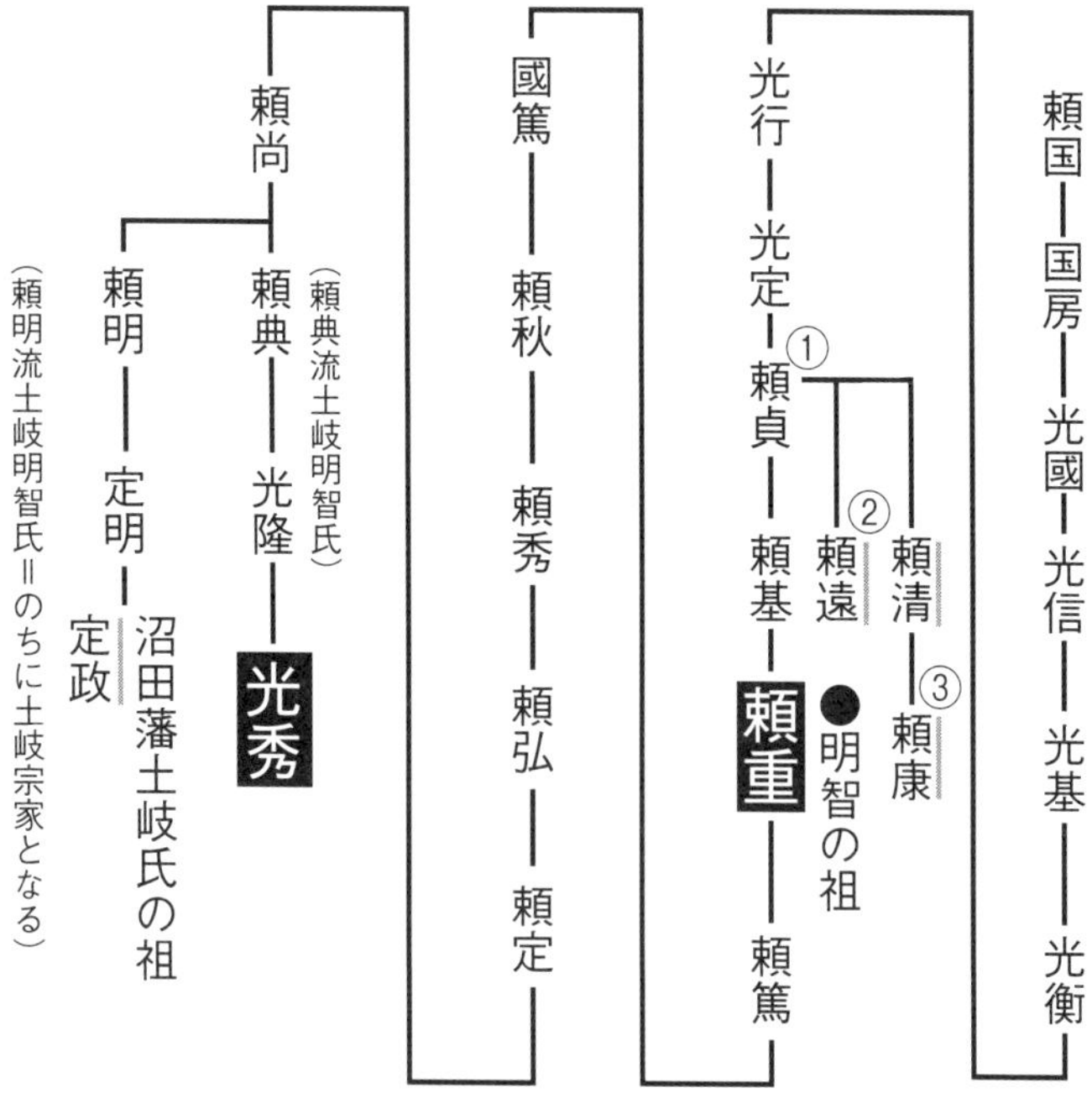

○数字は美濃守護の継承順　═は『明智系図』に登場しない人物

認できる。

系図で光秀の曾祖父《そうそふ》にあたる頼尚《よりひさ》と祖父の頼典《よりのり》、大叔父の頼明《よりあき》は上野《こうずけ》沼田藩の史料でも確認でき、その実在は疑いない。ちなみに、頼明の孫にあたる明智定政《さだまさ》は、父定明が斎藤道三の国《くに》盗《と》り合戦の際に戦死し、母方の実家三河《みかわ》の菅沼一族を頼って徳川家康に仕える。その歴戦の功によって天正一八年（一五九〇）、下総《しもうさ》相馬郡守谷（茨城県守谷市）で一万石を与えられ、大名になった（〃頼明流土岐明智氏）。この明智定政の家系は上野国沼田藩主として幕末を迎えている。ただ、光秀が謀叛人となったため、定政は明智の姓をあらためて土岐姓に復し、土岐定政と称した（この家系が土岐宗家となる）。

以上みてくると、光秀はれっきとした清和源氏の流れを汲む土岐源氏（美濃源氏ともいう）の一族だということになるのだが、『明智系図』には重大な欠陥がある。

土岐明智氏はルーツの頼重以来、歴代「頼」の字を通字《つうじ》としている。それが光秀の父光隆の時代になって急に「光」へと通字が変わっている。もちろん、土岐氏の時代に「光」を通字とする人物が続いているものの、やはり光秀の父の時代に突然、「頼」から「光」へ変更されたという印象は否めない。つまり、光隆・光秀の父子二人を強引に土岐氏の系図につないだため、こうした齟齬《そご》が生じたと考えられる。『明智系図』が光秀の遺児による作成であるならなおのこと、父と祖父を名門武家につなごうとする動機が歴然となる。そこで、ここまで積み重ねてきた話は振り出しにもどってしまう。光秀が土岐源氏でなかったなら、その氏素性どころか、岐阜県可児市の明智城で生まれたという伝承すらも否定しなければならなくなるからだ。

ただし、のちに光秀の重臣となる溝《みぞ》尾《お》茂朝《しげとも》・可児《かに》左衛門尉《さえもんのじょう》・肥田《ひだ》玄蕃《げんば》らは可児市の明智城周辺の生まれとされており、光秀が土岐明智氏や可児市の明智城ゆかりの者であることだけはたしかだといえよう。それでは、明智光秀という男はいったい何者なのだろうか。

謎19 土岐源氏ではなかった？ じつは美濃の「地侍」だった！

光秀は本当に土岐源氏だったのか。むしろ、前項でみたように『明智系図』を作成した光秀の遺児によって、無理やり土岐源氏の系譜につながれた疑いのほうが強い。

『明智系図』は土岐明智氏の系譜へ光隆・光秀父子をつなげつつ、光秀の欄には「濃州多羅《たら》城誕生」と記載している。ここで読者は不審に思うだろう。どうして明智城ではないのかと――。

多羅城は岐阜県大垣市上石津《かみいしづ》町多良にあった平城。関ヶ原に近く、明智城からはかなり距離がある。『明智氏一族宮城家相伝系図書』（以下、『明智一族宮城系図』）も光秀を多羅の生まれとしている。『明智一族宮城系図』によると、多羅は進士《しんし》氏の居城だったことになっている。

進士というのはもともと、朝廷の式部省が課した試験（考試）に合格した者を指していたが、後に公家や武士の中から進士を氏名とする者が現れた。室町幕府で将軍家の直臣にあたる奉公衆にも進士の氏名を名乗る者がいる。多羅の進士氏はもともと長江氏と称していたらしい。『明智一族宮城系図』によると、光秀の父は進士信周《のぶちか》といい、光秀はその次男。母は『明智系図』が光秀の父とする光隆（ここでは光綱とする）の妹だという。しかし、光隆は病弱で四〇歳になっても子をもうけられなかった。そこで進士信周の次男だった光秀が光隆の養子に入り、明智の家を継いだとする。つまり、光隆は光秀の伯父であって、実父ではなかったという。ほかに光隆を光秀の伯父とする話はなく、やはり光隆は、光秀の実父であったとしておきたい。

一方、多羅には関ヶ原の合戦後、旗本高木氏（大名格）の陣屋が置かれたが、戦国時代、高木貞久《さだひさ》・貞利《さだとし》父子が斎藤道三や織田信長に仕え、一時、空白期間はあるものの、戦国末期まで多羅を知行していたと考えられる。その高木氏の本城は駒野城《こまの》（岐阜県海津市）だった。つまり、多羅城で生まれた光秀は、国人《こくじん》領主層である駒野城の城主高木氏配下の地侍クラス出身だったことになる。

光秀は美濃の地侍出身だった――筆者はそう考えている。ただし、『明智系図』は、光秀の母を「武田義統《よしむね》（若狭守護）の妹」としている。戦国大名クラスの妹が地侍に嫁ぐとは考えられない。だが、まったくの捏造《ねつぞう》がありえないとすると、地侍は地侍でも、光秀は〝ただの地侍〟でなかったのかもしれない。階層としては地侍クラスだったものの、血脈としては土岐明智の末流に連なっていたと考えたらどうだろう。

光秀の祖父にあたる頼典はその父・頼尚と不和になって弟の頼明が頼尚の所領を継承したことが譲状《ゆずりじょう》で確認できる（前項の系図参照）。つまり、光秀の祖父は廃嫡されてしまっていたと考えられる。頼典は譲状に含まれない――残された所領のある多羅まで流されていったのかもしれない。

一方、土岐明智一族は多羅に近接する多芸《たぎ》郡内に所領をもっていた。没落した光秀の祖父が心機一転、「頼」の通字を「光」へあらため、新天地の多羅で再起を図ろうとしたのかもしれない。だとしたら、光秀は『明智系図』どおりの家系となる。いずれにせよ、光秀が現在の大垣市域（旧多芸郡・石津郡）に含まれる多羅に在住していた可能性はあろう。

この時代、宗家を中心とする惣領《そうりょう》制は崩れ、地縁による武士どうしが封建的に結合すること、すなわち主従関係を結ぶことが常識になっている。光秀が明智土岐一族の末裔《まつえい》に連なる家柄であっても、あるいは没落した嫡流のなれの果てであっても、光秀の生家が地縁によって宗家のある明智城からはなれた国人領主の被官になっていたとしても不思議ではない。

謎20 戦国の梟雄「斎藤道三」から賞賛されていたのか？

光秀「五五歳」説が正しいと仮定し、彼が享禄元年（一五二八）に生まれてから永禄一〇年（一五六七）ごろまで、確実な史料で動静が確認できない。よって「空白の四〇年間」については、使えそうな史料を取捨選択し、推論を交えながら、真実に迫る手法しかない。

若きころの光秀が戦国の梟雄《きゅうゆう》・斎藤道三《さいとうどうさん》に仕えていたという話も同じだ。

『明智系図』によると、光秀は若いころ「彦九郎」と称し、「斎藤山城入道道三」に仕えたと記載されている。その後、道三は彦太郎を一目見て、「万人の将となる人相がある」といったという。何度も書いているとおり、『明智系図』が光秀の実子である妙心寺僧によって作られたという由緒を持つ以上、身内びいきはあろう。『明智軍記』も、土岐明智一族が道三に仕えていたとしている。もちろん、美濃の国主となった道三に、有力な美濃国衆である土岐明智氏が仕えるのは当然だ。しかし、光秀の家はみてきたとおり、土岐明智一族だったとしても嫡流ではなく、光秀自身、関ヶ原に近い多羅城という小城で生まれている。『明智一族宮城系図』は光秀を「多羅」の生まれとした後、「あるいは明智城の生まれかもしれない」としており、光秀が多羅をはなれ、宗家の城にあたる明智城周辺に移り住んだとも考えられる。それでも光秀は封建的ヒエラルキーの中で中・下層に位置する地侍だ。もちろん、地侍とて守護の被官になっている者はいる。しかし、それは主君に近侍《きんじ》するという意味ではない。そもそも、道三から光秀がこうやって言葉をかけられたかどうかも疑問だ。

『明智系図』は前述した道三の賞賛の言葉に続き、「光秀が成長した後、常に文道《ぶんどう》を学び、射《い》術《じゅつ》や剣術を得、鑓《やり》と薙刀《なぎなた》の達人であった」と持ち上げている。

これまた、割り引いて考えるべきところだが、光秀の多才ぶりは他の史料でも確認できる。そういう光秀の評判を聞いた道三がわざわざ光秀を召し寄せ、賞賛の言葉を与えた可能性までは否定しない。ただし、『明智一族宮城系図』に、光秀の父光隆（同系図では光綱）の妹の一人（小見《おみ》の方）が「斎藤山城守秀龍《ひでたつ》入道道三室」と書かれているところまではどうだろう。一般に「濃姫」として知られる斎藤道三の娘（名は帰蝶《きちょう》）と光秀とは従妹《いとこ》の関係にあったと伝わる。たしかに、この系図どおりなら、そういう関係は成立するが、あくまで系図上の話にすぎない。

あとは、土岐明智一族の誰かが道三の妻になったというパターンだ。

若き光秀が道三に近仕して上をめざす――そういうストーリーは認めがたいが、光秀も美濃の争乱と無縁であるはずはない。『美濃国諸旧記』によると光秀が斎藤義龍《よしたつ》軍（次項参照）に参陣しており、道三の近臣どころか「反道三」の陣営に属していた可能性もあろう。

謎21 斎藤道三は「二人」いたのか？

わずかな可能性ながら、若き光秀が可愛がられたとする戦国の梟雄・斎藤道三。その道三の〝国盗り物語〟は父子二代にわたるという説、すなわち道三「二人説」が通説化しつつある。

まずは従来の道三「一人説」に従い、油売りの商人から美濃の国主となった下剋上の英雄、〝蝮《まむし》の道三〟と呼ばれる男の生涯を振り返ってみよう。

道三は、貧しい笠張り職人あるいは松波基宗《まつなみもとむね》という御所の警護兵の子だったとされる。御所の警護だけで飯を食うのは難しく、父親の基宗は笠張りの内職をして生計を立てていたのかもしれない。道三は一一歳のとき、京の名刹妙覚寺《みょうかくじ》（上京区）に入って法蓮坊《ほうれんぼう》と名乗るものの、長じてから還俗《げんぞく》する。やがて油売りの商人山崎屋庄五郎（庄九郎ともいう）となって、ここで有名な逸話が語られる。いわゆる一文銭の計《はか》り売りだ。山崎屋庄五郎は柄杓《ひしゃく》ですくった油を一文銭の穴から通し、「もし穴より外へ、少しにても懸りしならば、油を無償にて進ずべし」といって売り歩き、評判が評判を呼んだという話だ。

その後、道三は、妙覚寺時代の弟弟子が稲葉山（岐阜市）山麓の常在寺《じょうざいじ》住職をつとめる縁を頼り、美濃の守護土岐氏の執政長井長弘《ながいながひろ》に仕える。長弘は彼の能力を高く買い、家系が途絶えていた西村の家の跡を継がせ、油売りの商人山崎屋庄五郎は、西村勘九郎正利《かんくろうまさとし》となった。

長弘は美濃守護土岐政頼《まさより》（盛頼《もりより》・頼武《よりたけ》ともいう）に勘九郎を紹介したが、政頼はその人相骨柄を見て「これを愛するは渠《きょ》（悪党の頭目）の謀計に落入るに等し」（『美濃国諸旧記』）として遠ざける。そこで勘九郎は政頼の弟頼芸《よりよし》に近づき、その信をえて、自分を遠ざけた当主政頼を越前へ放逐《ほうちく》する（実際には病死）。頼芸は思ってもみなかった守護職を手にし、ますます勘九郎を重用するようになる。こうして美濃の国主頼芸を籠絡《ろうらく》した勘九郎にとって、邪魔者は、恩人ともいうべき執政の長弘だけとなる。勘九郎は長弘に酒宴をすすめ、乱酒遊興の所業と頼芸へ讒言《ざんげん》し、「（長弘を）夫婦共に殺害して、ついに目代（執政）長井の家を横領」（『同』）したという。その後、守護代斎藤家の当主が没すると、強引にその跡目を継ぎ、ここに斎藤利政《としまさ》（のち秀龍、出家して道三）が誕生する。そして、国盗りの総仕上げが主君頼芸の放逐だった。

この「一人説」のストーリーが「二人説」へ変わりつつあるのは、『岐阜県史』の編纂過程で発見された古文書《こもんじょ》がきっかけだった。その古文書は、道三の死の四年後、南近江《おうみ》を治めた六《ろっ》角承禎《かくじょうてい》が斎藤義龍（道三の嫡男）の娘と嫡男義治《よしはる》との婚儀に反対する理由として、成り上がり者の斎藤と近江源氏の流れを汲む六角の家格のちがいを強調する内容となっており、その中で道三父子の経歴を述べている。重要な史料なので関連する部分を次に引用する。

「斎治（義龍のこと）身上の儀、祖父新左衛門（道三の父のこと）は京都妙覚寺法花（法華）坊主落にて、西村と申し、長井弥二郎（長弘のこと）へ罷出、濃州の錯乱のみぎり、心はしをも仕候て、次第に引いて候て長井同名になり、また父左近大夫（道三のこと）代々なる（長井氏の）物領を射殺、諸職を奪取。彼の者、斎藤同名に成あがり」

つまり、道三の前半生として語られる経歴は、道三の父新左衛門の話だったというのである。まず、京から元法華坊主が美濃に来て、長井新左衛門として権勢をふるうまでになった。その後代替わりし、その子の左近大夫（道三）が長弘らを殺して長井家を簒奪し、やがて斎藤氏（守護代）に成り上がるというのだ。したがって、大恩ある長井氏を粛正《しゅくせい》して守護の土岐氏を放逐し、国を盗み取った〝蝮〟の大悪人は二代目の道三ということになる。

それではどうして父子二代の国盗りが、息子一人の国盗りへすり替わったのだろうか。よく知られる斎藤道三の物語は、江戸時代に書かれた『美濃国旧記』ほかの史料に拠っている。江戸時代には道三が「一人」であったという話で定着していたからだろう。そこで、道三とほぼ同時代人の太田牛一《おおたぎゅういち》が書いた『信長公記』に注目してみよう。

道三はもともと山城国西岡（乙訓郡《おとくに》）の在で松波といい、美濃国の執政長井左衛門を頼み、与力まで与えられて厚遇されるものの、「情けを無く、主《あるじ》の頸《くび》を切り」、長井家を簒奪する。その後、守護の土岐頼芸を追い出し、聟《むこ》（頼芸の子）を殺し、悪逆の限りを尽くしたという。やはり太田牛一の時代、すでに「一人」説になっていたのだ。ではなぜ、そのような錯誤が生じたのか。太田牛一は正確なメモにもとづいて、信長の一代記(『信長公記』)を書き残しているものの、この斎藤道三のくだりは「首巻」に含まれ、「首巻」は信長の死後、牛一が伝聞をかき集めたものだ。つまり、当然そこには誇張や噂がまぎれこむ要素が生じてくる。

また、道三が美濃を奪った後も政情は安定せず、混乱する。そこで旧土岐家臣団は道三の嫡男義龍を擁《よう》し、道三を攻め滅ぼしている。通説では、頼芸の落とし胤《だね》という噂のあった義龍が父道三から家督を譲られていたものの、弟たちを寵愛する父に不安を感じ、実父(土岐頼芸)の仇である道三を攻め滅ぼしたとする。義龍が先君の落とし胤だったかどうかはともかく、義龍は父道三がいると美濃が安定しないと考えたのだろう。

『信長公記』によると、道三治世のもと「小科(小さな犯罪)の者」でも牛裂《うしざ》きや釜茹《かまゆ》での刑に処する恐怖政治がおこなわれたという。道三も、家臣や領民の評判がよくなかったことを自覚していたのだろう。よって、油売り商人から美濃の実権を握るまでになった父の事蹟を〝わがもの〟として吹聴したのではないか。一文銭の計り売りなどの逸話は父の実績であり、道三自身は、六角承禎(前出)が書いたとおり、悪逆なイメージそのものだ。こうして道三がうまく父の事績を取りこんだものの、美濃の隣国の大名である承禎だけは真実を知っていたということだろうか。

謎22 明智城「落城」の謎

弘治《こうじ》二年（一五五六）四月、美濃の斎藤義龍は父の道三とその与党を長良川で討ち、可児市の明智城にも危機が迫っていた。道三の与党であった土岐明智氏は義龍になびかず、同年八月、怒った義龍が明智城を攻めたのである。この明智城攻防戦は主に「誤謬満載」とされる『明智軍記』に頼るしかない。以下、同軍記によってその落城の瞬間まで追ってみよう。

八月五日、明智城に攻め寄せた義龍の軍勢は三〇〇〇余騎。かたや、明智城の兵は三八〇余騎。昼夜分かたず攻めてくる敵勢に対し、城兵は果敢にも城外へ討ち出して奮戦するものの、一〇倍近い兵力との差はいかんともしがたい。九月二六日になって落城する。明智城でこの攻防戦を指揮していたのが光秀の叔父。光秀の父光隆（『明智軍記』では光綱）は早世し、弟の明智兵庫助光安入道宗宿《ひょうごのすけみつやすにゅうどうそうしゅく》が城代をつとめていた。落城の日、死を覚悟した宗宿入道に甥の光秀が「ともに討ち死にせん」と訴えでた。宗宿入道はそんな甥の鎧の袖をとってこう諭《さと》した。

「御辺《ごへん》が命を捨てるのはいまではない。生きながらえ、必ずや明智の名を再興なさい」

こうして宗宿入道は自害して果てた。享禄元年生まれ説をとると、このとき光秀、二九歳。

一説によると落城時に、実家にもどっていた信長の正室である濃姫（帰蝶）も明智一族と運命をともにしたといわれる。『明智一族宮城系図』で光隆の妹が道三に嫁ぎ、濃姫はその娘とされることが根拠になっている。また、織田側が婚姻政策によって美濃と同盟したのは、尾張の安定化のために道三を後ろ盾にしようとする政略があったからだ。したがって道三の死によって信長が濃姫を正室とする意味がなくなり、実家の美濃へ帰していたとしても不思議ではない。離縁された濃姫が母の実家《さと》である明智城にもどっていたという推論はたしかに成り立つ。

しかし、本能寺の変の際、信長から安土城（近江八幡市）の留守を預かった蒲生賢秀《がもうかたひで》は「御台所君達《みだいどころきんだち》を退かせ給わんこそ、故将軍（信長のこと）への御忠節」（『氏郷記《うじさとき》』）だと考え、信長の「御台所」を居城の日野城《ひの》（滋賀県日野町）へ避難させている。「御台所」とは、将軍家などの正室のこと。安土から日野へ避難した「御台所」こそが濃姫なのだ。つまり、道三の死で濃姫は美濃に帰されたわけではなく、正室として信長に従っていたのである。

ここでの問題は、光秀が落城の際に明智城にいたかどうかだ。光秀が土岐明智の嫡流でなかったとすると、『明智軍記』の話は信じがたい。ただし、多羅城（大垣市）で生まれた光秀がその後、多羅をはなれ、可児市の明智城で一旗あげようと周辺に移り住んだ可能性はある。光秀が土岐明智氏の末流に名をとどめ、かつ、斎藤道三に可愛がられていたとすると、道三への報恩と一族への義理から明智城に籠城したという推論はギリギリ成り立つのではなかろうか。

謎23 北は岩手から南は鹿児島まで――『明智軍記』が語る諸国漫遊記

明智城落城後、光秀はどうなったのだろうか。のちの将軍足利義昭の直臣として永禄年間の史料で確認できるまで、光秀の消息は一切、一級史料で確認できない。

だからといって人の一生にとって大きな役割をもつ壮年期の光秀を無視して本書を続けることにも抵抗がある。そうなるとやはり、『明智軍記』に頼らざるをえない。よって、以下の話は参考程度に考えていただきたい。

叔父の明智光安入道宗宿に諭されて自害を思いとどまった光秀は家族をともない、涙とともに城から落ちのび、「郡上郡《ぐじょうごおり》（岐阜県郡上市と下呂《げろ》市の一部地域）を経て、越前穴馬《あなま》（福井県大野市）という所を過ぎ、国々を遍歴し、その後越前に留まり、太守朝倉左衛門督義景《たいしゅあさくらさえもんのかみよしかげ》に属して、五〇〇貫の地を受納しける」という。光秀は美濃から越前へ逃れ、越前を治める戦国大名の朝倉義景に召し抱えられたというのだ。『明智軍記』にはより詳細な記載があり、光秀はまず越前穴馬をへて称念寺《しょうねんじ》（坂井市）という時宗《じしゅう》の寺に落ちついたとある。

地元の伝承では、光秀の母（お牧と一般的に呼ばれる）が称念寺末寺に縁があり、その関係で称念寺を頼ったという。称念寺のある土地は北国街道が通り、街道筋から全国津々浦々の情報が光秀の耳に入ってくる。光秀はしばらく称念寺門前で学問所を開き、つつましやかに暮らしていたが、諸国の情報に接し、じっとしていられなかったのかもしれない。土岐一族の庶流妻木氏から妻として迎えていた熙子《ひろこ》（明智一族の菩提寺・西教寺の過去帳にその名があるという）や家族を称念寺に残し、明智城落城の翌年にあたる弘治三年（一五五七）、諸国行脚の旅に出かける（『美濃諸旧記』では落城前）。『明智軍記』によると、光秀がふたたび西近江をへて越前にもどって来たのは永禄五年（一五六二）のこと。じつに足かけ六年にわたり、諸国をめぐっていたことになる。享禄元年生まれ説にもとづくと、光秀、三〇歳から三五歳の働き盛りのころ。

光秀が諸国行脚した城下の名を次に記す（すべて『明智軍記』による）。

葦名盛高《あしなもりたか》の会津（福島県）、伊達輝宗《だててるむね》の大崎（宮城県）、南部高信《なんぶたかのぶ》の盛岡（岩手県）、宇都宮広《うつのみやひろ》綱《つな》の下野《しもつけ》、結城晴朝《ゆうきはるとも》の下野（いずれも栃木県）、佐竹義照《さたけよしてる》の常陸《ひたち》（茨城県）、千葉親胤《ちばちかたね》の下総《しもうさ》、里《さと》見義頼《みよしより》の安房《あわ》（いずれも千葉県）、北条氏康《ほうじょううじやす》の小田原（神奈川県）、武田晴信《たけだはるのぶ》の甲州（山梨県）、今《いま》川義元《がわよしもと》の駿府《すんぷ》（静岡県）、織田信長の清洲《きよす》（愛知県）、佐々木義賢《ささきよしたか》の観音寺《かんのんじ》（滋賀県）、将軍足利義輝《よしてる》の京（京都府）、三好義長《みよしよしなが》の堺（大阪府）、別所友治《べっしょともはる》の三木（兵庫県）、宇喜多直家《うきたなおいえ》の岡山、三《み》浦元兼《うらもとかね》の美作高田《みまさかたかだ》（いずれも岡山県）、尼子晴久《あまごはるひさ》の富田《とだ》（島根県）、毛利隆元《たかもと》の安芸《あき》広島（広島県）、大友義鎮《おおともよししげ》の豊後《ぶんご》府中（大分県）、龍造寺隆信《りゅうぞうじたかのぶ》の肥前《ひぜん》（佐賀県）、菊池義武《きくちよしたけ》の肥後宇土《ひごうと》（熊本県）、島《しま》津《づ》義久《よしひさ》の鹿児島（鹿児島県）、長曾我部盛親《ちょうそがべもりちか》の土佐岡豊《とさおこう》（高知県）、北畠具教《きたばたけとものり》の伊勢、長野祐則《ながのすけのり》の伊勢、関盛信《せきもりのぶ》の亀山（いずれも三重県）。

たとえば、南部氏が拠点を盛岡城に移すのは、光秀の諸国行脚のはるか後年の話。しかも、六年間でこれだけの諸国をめぐれるとは思えない。この話はフィクションというしかないが、そのついでにいうなら、光秀の諸国行脚中の永禄三年（一五六〇）、信長の名を天下に示した桶《おけ》狭間《はざま》の合戦（名古屋市・豊明《とよあけ》市）が起きている。清洲城下（清須市）に滞在していた光秀がどこかでこの合戦を目撃していたという〝空想〟は許されるかもしれない。

諸国行脚の話はフィクションだとしても、その後、光秀が越前にとどまるのは一つの可能性（「謎25」で詳述）を除き、十分にありえる話だ。永禄九年（一五六六）ごろ、光秀が足利義昭の直臣になっていることが一級史料（後述）で確認できるからだ。当時、義昭は越前に滞在していた。つまり、光秀が越前にいなければ、義昭の直臣となる機会が失われる。

通説でも『明智軍記』にあるとおり、光秀は越前で朝倉義景に召し抱えられたことになっている。『明智軍記』は、光秀が諸国行脚を終えて越前に帰国した永禄五年、加賀の一向一揆《いっこういっき》（浄土真宗信者の国衆や百姓らによる一揆）が起こり、光秀がその鎮圧に貢献して義景から感状を賜ったという。つまり、一揆鎮圧の功によって光秀が義景に仕えたと読める。しかし、弘治元年（一五五五）に朝倉と一揆勢は和睦《わぼく》しており、永禄五年にふたたび一揆勢が蜂起するという記載は『明智軍記』を除いてみられない。

称念寺のホームページには仕官のいきさつがこう記載されている。越前での光秀一家の生活は貧しく仕官もかなわなかった。あるとき、称念寺の住職が光秀に朝倉の家臣と連歌《れんが》会を催すチャンスを与えた。ところが、貧困の光秀には連歌会を催すカネがない。そこで妻の熙子が自慢の黒髪を売ってカネを用立てた。こうして連歌会は、熙子の用意した酒肴で大成功に終わり、光秀の仕官がかなったという。山内一豊《やまのうちかずとよ》（初代土佐藩主）の妻が実家からいざというときのために役立てるよう持参していた黄金で夫に立派な馬を買わせ、それが一豊の出世につながったという逸話に似る。出来すぎた話に思える。

ただし、光秀と家族が称念寺の世話になったという話は事実のようだ。天正《てんしょう》一〇年（一五八二）正月の話だが、『京畿御修行記《けいきごしゅぎょうき》』という時宗《じしゅう》僧の諸国行脚記に次のくだりがある。称念寺の上人《しょうにん》が大和の筒井順慶《つついじゅんけい》の領地を遊行《ゆぎょう》（僧侶の諸国遊説）した際、称念寺の住職が光秀に順慶へ一筆したためて欲しいと要請したという。順慶は当時、織田政権下で光秀の組下（与力）大名だった。また、『京畿御修行記』には、光秀が越前の朝倉義景を頼り、称念寺門前で一〇年間暮らしていたとある。光秀がこうして称念寺に世話になっていたという前提に立てば、たしかに黒髪の逸話も満更ではないように思えるが、果たしてどうだろうか。

謎24 第二の主君朝倉義景が滅んだ「意外な理由」

光秀が斎藤道三に仕えていたとしたら、越前の朝倉義景は、光秀の生涯で二番目に仕えた主君となる。その義景とはいかなる人物だったのだろうか。

朝倉義景には、織田信長を討ちもらした愚将という世評がつきまとっている。

彼は、名将の誉れ高い朝倉宗滴《そうてき》（一族の長老）に補佐され、いっとき越前国は、戦国時代としては異例といえるほどに安定していた。しかし宗滴が死去し、永禄八年（一五六五）に室町幕府の一三代将軍足利義輝が三好三人衆と松永久秀らに殺害されたころより、越前も風雲にさらされる。義輝の弟である一乗院覚慶《いちじょういんかくけい》（のちの将軍義昭）が松永らの魔の手を逃れ、還俗して義景を頼ってきたのだ（詳細は後述）。

義昭は越前から諸国の大名に手紙を書きまくった。義昭が越後の上杉輝虎《てるとら》（のちの謙信）に宛てた手紙には「上洛の儀、馳走の段、頼みおぼしめされ候」とあって、義昭自身の上洛への協力を諸将に求めていたことがわかる。その謙信宛ての手紙の末尾には「義景申すべく候也」と記され、スポンサーである義景（朝倉勢）も上洛の旨を了承していた。それは、義昭が将軍になったら、義景が室町幕府の管領《かんれい》もしくは管領代になることを意味する。しかし、義昭を奉じて上洛したのは信長であり、こうして義景が天下を掌握する機会を逃したことがまず第一の「失策」に数えられる。

その理由にからんで『越州軍記《えっしゅうぐんき》』に興味深い記述がある。

永禄一一年（一五六八）六月二日、義昭の宿所に義景が招かれ、酒宴が催された。このころ、近日中に義昭が「尾張国織田上総介《かずさのすけ》信長方へお越しあるべく由」風聞が流れていた。また同時に「京都より毒薬（中略）公方衆の内輪へ下りたる」という噂も流れ、義景が用心して酒宴は盛り上がらず、すぐにお開きになったという。当時、義昭が信長を頼って越前を出るという話とともに、義昭の側近に京から毒薬がもたらされたという噂が流れていたのである。しかも、『越州軍記』によると、その四日後、義景が小宰相《こざいしょう》という愛妾に生ませた長男の阿君《くまぎみ》が急死し、毒殺が噂された。朝倉家内部の不穏な空気が察せられる。

以下は仮説だが、当時、朝倉家が上洛派と慎重派に分かれて内部抗争していたとしたら、どうだろう。上洛派にとって旗頭である義昭を失うことは敗北を意味し、強引に越前国内にとどめ置こうとする。だから、上洛派が信長を頼ろうとする公方衆（義昭の側近）を牽制する動きにでて、公方衆がその対策として、京から毒薬を取り寄せていたとも考えられる。

朝倉家内部の意見が割れていたのでは、義景も安心して上洛などできなかっただろう。また彼自身も上杉ら他国勢と協力して上洛し、京を支配する三好・松永勢を駆逐するのなら問題はなかったが、信長のように単独で実行する自信がなかったのかもしれない。

こうして信長は義昭を奉じて上洛を遂げ、義景は信長に上洛を命じられる。しかしプライドの高い義景はその命令を突っぱね、信長の越前侵攻を招いてしまう。

永禄一三年（一五七〇）四月二〇日、信長は三万の大軍を率いて京を発ち、若狭《わかさ》へ向かった。そして若狭平定後の二五日には、義景の領国である越前の敦賀《つるが》へ侵入する。織田勢は、手筒《てづつ》山《やま》・金ヶ崎《かねがさき》両城を攻め落とし、木目《きのめ》峠を越えて、いよいよ越前の中心部に乱入する姿勢をみせた。そのとき信長に「江北《ごうほく》浅井備前《びぜん》、手の反覆の由」（『信長公記』）という注進が届く。信長の妹（お市の方）を嫁がせて同盟関係にあった小谷《おだに》（長浜市）の城主浅井長政《あざいながまさ》が裏切って退路を断ったという知らせであった。むろん、信長ははじめ「浅井は歴然御縁者たるの上（中略）嘘説たるべし」といって信じなかった。浅井と織田は誰もが知る縁者どうしだから、長政が裏切るはずがないといっているのだ。

しかし、それが事実とわかり、京への裏道となる西近江の朽木《くちき》越《ご》えを経て、三〇日、命からがら京へ帰った。このとき、たしかに信長を討ち取る好機であった。それなのに義景および朝倉勢はどうしていたのか。

織田勢が金ヶ崎城へ猛攻をかけた際、義景は居城の一乗谷《いちじょうだに》（福井市）を出て浅水《あそうず》（同）というところまで駒を進めていたが、そこから引き返してしまっていた。ただし、前線の敦賀付近にも朝倉勢はいた。だからこそ、信長は当時まだ木下藤吉郎と名乗っていた秀吉らに後軍《しんがり》を命じたのだ（以上、金ヶ崎城崩れという）。ところが、『武功夜話《ぶこうやわ》』によると、「朝倉方（中略）小半日懸り来たらずは天運なり」とある。半日近く朝倉勢の追撃が遅れたことは後軍の秀吉にとって天運だったというのである。後軍が壊滅したら、信長もどうなっていたかわからない。『武功夜話』という史料の信憑性《しんぴょうせい》は措《お》くとしても、この〝空白の時間〟はどう理解したらいいのだろうか。

その理由として、俗説では好色な義景が小少将《こしょうしょう》（前述した小宰相とは別の女性）と呼ばれる側室を寵愛《ちょうあい》するあまり、みすみす信長を討ち取る機会を逃したとする。『朝倉始末記』には、「この女性、紅顔翠黛《こうがんすいたい》人の眼を迷わすのみならず、巧言令色《こうげんれいしょく》心を悦ばしめし」と記され、美しさで人を惑わし、媚《こ》びへつらうことに巧みなタイプの女性だったという。彼女との時間を惜しんで義景は浅水から居城に引き返したのだろうか。

このとき秀吉が敦賀口の山々に信長の馬印や幟《のぼり》を林立させ、いまだ三万の織田勢が帯陣しているように擬装したと『武功夜話』に記されている。この史料の内容が正しければ、朝倉勢がこのトリッキーな秀吉の戦術に引っかかった可能性はある。また、義景が浅水（前出）から兵を返したのは、一乗谷の城内で騒動が勃発したためだという説もある。居城での騒動をほったらかしにして出陣するわけにはいかない。以上の真偽はともかく、義景が積極性に欠ける武将だったのは事実だ。

その後、織田勢と朝倉・浅井勢は何度も戦火を交え、元亀三年（一五七二）七月、義景は浅井勢の援軍として北近江へ出陣していた。その年の一〇月、甲斐の武田信玄が西上の軍勢を催したため、信長を北と東から同時に討つチャンスであった。だが、このときも義景は他国での越冬を恐れたのか、一部の軍勢を残し、一二月に兵を返している。

女におぼれる愚将とまではいかないまでも、やはり義景は、戦国乱世をしたたかに生き抜く資質に欠いていたといわざるをえない。こうして翌年、またも北近江へ兵を出した朝倉勢は形勢不利と見て越前へ逃げ帰ろうとするが、信長は刀根坂《とねざか》（滋賀県長浜市）で朝倉勢に追いついて殲滅《せんめつ》し（刀根坂の合戦）、その勢いのまま越前へ乱入する。朝倉義景は猛追する織田勢から逃れようと本拠の一乗谷を脱け出すが、八月二〇日、越前大野の賢松寺《けんしょうじ》で自害して果てた。

朝倉氏の居城があった一乗谷

謎25

「美濃出身説」がゆらぎ出した?

謎だらけといえる光秀の前半生だが、それでも「美濃出身」という話だけはゆるがなかった。光秀が明智城ではなく多羅城で生まれたとしても、美濃は美濃。彼が斎藤道三に仕えていたという話も、光秀が美濃出身であることを前提にした話だ。筆者も光秀の素性を美濃の地侍層だったと考えている。

ところが、誰もが信じて疑わなかった「美濃出身」説がゆらぎ出したのである。

光秀に関する史料があらたに熊本藩細川家の旧城下である熊本市の旧家で見つかったのだ。光秀と細川藤孝はともに足利義昭を将軍職につけるために奔走《ほんそう》した間柄であり、盟友でもある。よって、熊本市の旧家から発見された史料というだけでまず価値がある。

しかも、稲葉継陽《つぐはる》熊本大学永青《えいせい》文庫研究センター教授が解読した史料の内容が、じつに興味深いものだった。

史料は足利将軍家に仕え、のちに熊本藩細川家の家老となる米田《こめだ》家に伝わる医薬書『針薬方《はりくすりかた》』。奥書にその来歴が記されている。まず、「明智十兵衛」が近江国高嶋郡の田中城(高島市)で籠

田中城関連図

城したときに医薬の秘伝を口伝したものであるということ。ケガなどの症状に応じた薬の配合を記した医薬書だから、光秀がかなり医薬に造詣が深かったことを示す史料だが、問題にしたいのはそこではない。

奥書に永禄九年（一五六六）一〇月と記載のあるところがポイント。奥書によると、米田と同じく足利将軍家に仕えた沼田勘解由《かげゆ》という武士が「明智十兵衛」すなわち、光秀の口伝を相伝《そうでん》し、足利将軍家に医術をもって仕えたとされる米田貞能《さだよし》が永禄九年一〇月になって書写したものである。

つまり、光秀が田中城で籠城中に医薬の秘伝を将軍家直臣《じきしん》の沼田に伝え、その後、沼田が「相伝（代々受け継ぐという意味）」した後、同じく将軍家直臣の米田が永禄九年になって書き写したと考えられる。そして書写された医薬書が熊本市内の旧家で見つかったのである。つまり、薬の配合を記した医薬書の秘伝が「光秀→沼田→米田」という流れで伝わり、沼田が「相伝」したという表現から、光秀が琵琶湖西岸の田中城に籠城していたのは永禄九年よりだいぶ時代をさかのぼる年ということになる。その間の年数がどのくらいなのかはわからない。仮に一〇年前だとすると、弘治二年（一五五六）、明智城が落城した年になる。

田中城は琵琶湖西岸の西近江にあり、標高二四四メートルの尾根沿いに築かれた山城で、西近江の国衆（国人領主）である田中氏によって築かれた。東西に西近江街道と朽木街道が通る交通の要衝で、金ケ崎崩れの際、小谷城主浅井長政の裏切りにあった織田信長が京をめざして〝逃走〟した道が朽木街道だ。もっというと、そのとき信長が若狭と越前へ攻め入る際に西近江街道を通り、この田中城に逗留している。後にそういう歴史の舞台となる田中城に、明智城が落城するころ、光秀が籠城していた可能性がある。籠城するくらいだから、それより前に光秀が琵琶湖西岸で地盤を築いていなければならない。だとしたら、光秀が斎藤道三に仕えていたとされる時代、西近江へ進出している必要がある。こうやってどんどんさかのぼっていくと、本当に光秀は美濃出身なのかという疑いが生じてくる。

いずれにせよ、「西近江と光秀」「将軍家と光秀」の関係を証明する新史料が発見された意味は大きい。光秀はのちに信長に仕え、坂本を与えられて城を築き、城持ち大名になっている。田中城と坂本城はさほどはなれておらず、信長はもともと光秀が西近江に地の利があったからこそ、坂本を与えたとする論を導き出すこともできる。

また、米田・沼田とも将軍家の奉公衆だった点が注目される。奉公衆はいわば幕府の幹部。

光秀がその幹部に医薬の秘伝を伝授するくらいだから、その身分もそれなりだったと考えるしかない。

一般的には、光秀が越前の朝倉義景に仕え、義昭が越前へ逃れて来て上洛の軍勢を集めようと画策しているころ義昭に仕えたとされている。しかし、新史料からは、その年よりだいぶ前に光秀が米田・沼田らの将軍家直臣と親交があったとみられるのだ。そもそも、西近江と足利将軍家との関係は深く、一二代将軍足利義晴《よしはる》と一三代将軍足利義輝も一時、京の騒乱をさけ、西近江の朽木谷（高島市）へ避難している。光秀が田中城で籠城しているのも、将軍家の動きと何らかの関係があったのだろう。

つまり、光秀はもともと足利将軍家と関係があり、その縁で前将軍の弟である義昭が越前へ赴いたことを知って、西近江から越前の御前に伺候《しこう》したとも考えられるのである。そうなると、越前での光秀の寄宿先が称念寺（坂井市）の門前であったとしても、『京畿御修行記』（前出）が伝えるごとく、滞在の期間が「一〇年」というのは長すぎる。よって、光秀の妻熙子がわざわざ自慢の黒髪を売って朝倉に仕えたいと願う夫を支えたという美談はもとより、その前の光秀の美濃時代の話も見直さなくてはならなくなってくる。

今後、われわれが知る美濃時代の光秀と西近江での光秀の動きがどう矛盾なく解決するかが課題となろう。

謎26

軟禁されていた足利義昭を助け出した「忍者」の謎

新史料の登場で光秀が斎藤道三や朝倉義景に仕えていたかどうかは微妙になってしまったが、彼が将軍家の直臣になったのは事実だ（詳細は次項）。ここでは、まぎれもなく光秀の主君となった室町幕府一五代将軍足利義昭にまつわる話をしてみたい。

永禄八年（一五六五）五月、一三代将軍足利義輝は京の二条御所を三好三人衆と松永久秀の軍勢に襲われ、自刃に追いこまれた。これを永禄の変という。

三好三人衆は三好長慶《ながよし》の家臣で、三好長逸《ながやす》・岩成友通《いわなりともみち》・三好政康《やすまさ》の三人をいう。三好家はそもそも阿波細川家の家宰《かさい》の家柄にすぎなかったが、主家の細川晴元《はるもと》が幕府の管領となったことから、活躍の場を与えられた。長慶の時代に将軍家の御供衆《おとも》（近習）に列せられ、将軍の直臣となって実権をふるった。その勢力圏は、本国阿波のほか、讃岐・淡路・摂津・和泉・河内・丹波・大和・山城・播磨におよんだ。長慶はまた、のちに信長がそうしたようにキリスト教の布教を許し、南蛮人アルメイダは長慶を「都とその周辺の国々を領する国主」と評している。南蛮人の目からみると、長慶は〝畿内地方の王〟に映ったのだ。しかし、四三歳で長慶が亡くなると、三人衆と三好家の家宰だった松永久秀が権力を掌握した。のちに久秀は上洛した信長に降るものの、三人衆は信長に歯向かうこととなる。

ここで話を永禄の変にもどすとしよう。殺された将軍義輝の弟に一乗院覚慶という人物がいた。五歳で奈良興福寺の一乗院に入り、永禄五年（一五六二）に門跡《もんぜき》（住職）となっていた。

三好側は永禄の変の後、本国阿波で擁立していた足利義栄《よしひで》を次の将軍職に就けようとして将軍継承の資格のある覚慶を興福寺に幽閉した。その覚慶の奈良脱出計画を練ったのが和田惟政《わだこれまさ》という近江国甲賀郡の土豪だった。甲賀（滋賀県）といえば伊賀（三重県）とともに忍者の里。覚慶は惟政らの手引きで永禄八年七月、監視下にあった奈良興福寺から脱出し、甲賀の惟政の屋敷へ入る。惟政は南近江の戦国大名・六角義賢《よしかた》（承禎）の被官だった。三好一族らと対立していた将軍義輝（当時）が京から近江の朽木谷（高島市）へ逃れた際、義輝は六角氏の庇護《ひご》を受けており、おそらく承禎らに命じられたと思われるが、和田惟政の父が将軍に近侍している。惟政の父は甲賀の土豪でありながら、足利家に仕える奉公衆になったのである。

そういう関係から惟政が義輝の次弟である覚慶の奈良脱出を画策した。惟政の背後に六角承禎がいたのは間違いない。

甲賀入りした覚慶の狙いは、三好らの傀儡《かいらい》である足利義栄の将軍就任を阻止し、自分自身が兄の跡を継いで幕府を再興することにあった。承禎もむろんそのつもりだった。永禄八年七月に覚慶は奈良を抜け出し、いったん甲賀の山奥（惟政の屋敷）に落ちついたものの、その年の一一月、琵琶湖に面した野洲《やす》郡矢島《やじま》（守山市）へ居を移し、そこで御所を構えた。これも承禎の指示だったのだろう。覚慶が矢島御所に移った翌月の十二月、承禎が越後の上杉輝虎（謙信）へ宛てた手紙では、すでに覚慶を「公方（将軍）様」と呼び、その公方様による幕府再興の上意実現に応じるよう謙信をうながしている。

こうして覚慶側は、上杉のみならず、薩摩の島津義久や豊後の大友義鎮《よししげ》（宗麟《そうりん》）、安芸の毛利元就、さらにはまだ松平姓だった三河の徳川家康にまで御内書《ごないしょ》を下し、覚慶の上洛実現に尽力するよう求めている。翌年二月に覚慶は還俗して足利義秋と名乗る（のちに義昭と改名）。

覚慶あらため義秋と承禎らが、尾張を平定して美濃攻略を続ける織田信長に注目しても不思議ではなかった。事実、義秋と承禎は信長に白羽の矢を立てた。年不詳ながら、一二月一七日の日付のある和田惟政の書状には、惟政が承禎の命を受け、織田・浅井両家の縁談（信長の妹お市の方と浅井長政）を取り持っていた事実が記されている。惟政が書状をしたためたのは、長政が居城する小谷城（長浜市）の城下だと思われる。そこにはまず承禎からの書状が届いた旨が記され、次いで、浅井・織田両家の縁組について長政が「入眼《じゅがん》（物事を応諾すること）」したものの、「種々申し延べ……」とあって、縁談にいろんな条件をつけていた事実が書かれている。上洛の途上に位置する小谷城の浅井家との縁組によって信長に決意を迫ろうと、和田惟政を小谷へ派遣したものの、その結果を待ちかねた承禎が「交渉はどうなっておる」と督促したのだろう。惟政がその交渉の経緯を同僚に書き送った書状だと考えられる。承禎はそれほど浅井・織田両家の縁組に執着していたのだ。その後、信長の妹お市の方が小谷へ嫁ぎ、浅井・織田同盟が成立するのだから、承禎こそがお市と長政の〝仲人〟といえる。

ところが、永禄十一年（一五六八）、実際に信長が足利義昭を奉じて上洛の途についた際、信長が六角氏に協力を求めたものの、承禎はそれを拒否している。結果、同年九月に信長が承禎の居城観音寺城（近江八幡市）の支城箕作《みつくり》城（東近江市）を攻め落とすと、承禎は観音寺城を捨てて逃亡し、以降、信長を怨敵として、徹底したレジスタンス運動を展開する。惟政を織田・浅井両家の縁組みに奔走させておきながらも、承禎は三好側の調略に乗ってしまい、足利義栄を擁立しようと図る陣営へ寝返っていたからだ。

話を義秋が還俗した永禄九年（一五六六）当時にもどすと、その年の八月、矢島御所に寓居していた義秋は、承禎が寝返ったという知らせを受け、若狭を経て越前の朝倉義景を頼る形で逃亡する。すると、足利義栄が阿波から摂津富田《とんだ》（高槻市）へ入った（二年後、義栄は一四代将軍となるが、京へは入れず富田公方と呼ばれる）。一方、承禎の命で動いていた惟政だが、三好側にまわった承禎に対して、義昭の御供衆として、義昭を庇護する立場をとる。やがて、義昭が信長に奉ぜられると、信長の信任をえて摂津高槻城の城主となった。

謎27 光秀は本当に「義昭の足軽」だったのか？

『永禄六年諸役人附《しょやくにんつけ》』（以下、『諸役人附』）という一級史料がある。ここに「明智」の名がみえ、光秀の名が確実な史料に登場するもっとも早い事例だとされている。足利将軍家の家臣の名を列挙した室町幕府の直臣名簿である。

永禄六年（一五六三）は一三代将軍足利義輝の治世にあたるものの、この資料は一五代将軍足利義昭の治世の家臣団も合わせてまとめられている。『諸役人附』は義輝の時代の前半部分、義輝の弟義昭の時代の後半部分に分かれると考えられている。その『諸役人附』は近臣の「御供衆」からはじまり、義昭の上洛に尽力する細川藤孝（のちに織田信長に仕える）は「御供衆」の七番目に記載されている。つづいて「御部屋衆」「申次《もうしつぎ》」「外様詰衆《とざまつめしゅう》」などの順に記載され、「足軽衆」一四名の最後に「明智」とあり、その明智が光秀だとされる。つまり、「明智」の名は後半部分（永禄九年〜同一一年当時）の家臣団として記されているのである。

ここで問題になるのは「足軽」という表現だ。戦国時代、足軽は雑兵《ぞうひょう》という扱いを受けるが、『諸役人附』では下級の将軍家家臣を意味していた。もし本当に光秀が土岐明智一族の嫡流出身なら、土岐源氏という家柄の高さから「御供衆」もしくは「外様衆」の扱いを受けてもおかしくはない。それが「足軽衆」なのだから、光秀を土岐明智一族の嫡流であるとする通説が事実でないことの傍証といえる。筆者は記述のとおり、光秀の家は土岐明智一族に名をとどめる程度の地侍層だとみているが、その程度の家柄なら「足軽衆」であっても矛盾しないのではなかろうか。

奈良興福寺多聞院英俊《たもんいんえいしゅん》という僧の日記（『多聞院日記』）には「細川兵部太夫《ひょうぶだゆう》（細川藤孝のこと）が中間《ちゅうげん》にてありし」とある。南蛮人宣教師ルイス・フロイスも光秀を「もとより高貴の出ではなく、信長の治世の初期には公方《くぼう》様（足利義昭）の邸の一貴人兵部大輔《ひょうぶだゆう》と称する人（藤孝のこと）に奉仕していた」（『日本史』）と書いている。いずれも光秀が「足軽衆」や地侍層出身に相応しい事実を物語っている。ただし、光秀が細川家に仕えていたというくだりはどうだろうか。『多聞院日記』と『日本史』のいずれもが、光秀が羽柴秀吉に敗れた事実を受けて書かれたものであり、謀叛人光秀という色眼鏡を通しての評価である。藤孝と光秀が和田惟政らとともに義昭の将軍補任に奔走していた当時、当然のことながら、幕臣の格としては藤孝が上だったため、それが「藤孝に奉仕していた」という錯誤になったとも考えられる。

謎28 幕臣明智光秀の最大の功績とは何か

永禄一〇年（一五六七）ごろ、「足利義昭の足軽衆」にすぎなかった光秀が義昭と織田信長の信頼をえて、一気に歴史の表舞台へ飛翔する過程を描いてみたい。

光秀が西近江をへて越前入りしたか、一〇年の間ずっと越前の称念寺（坂井市）門前に居を置いていたかの別はともかくとして、越前で義昭に供奉する細川藤孝や和田惟政らに会い、ともに義昭の上洛に尽力した事実だけは疑いようもない。

義昭は六角承禎と袂《たもと》をわかち、永禄九年（一五六六）八月に矢島御所（守山市）をたって若狭へ入り、翌永禄一〇年九月の敦賀入りを経て、その年の暮れ、朝倉義景の本拠である一乗谷（福井市）に落ち着いた。ただ、よく誤解されがちだが、越前に来て初めて義昭陣営が信長と接触したわけではない。いまだ承禎の庇護下にあった永禄九年八月、信長が近江の矢島御所にいた義昭に伺候しようとしたが、後述する諸般の事情により断念している。当時、信長との交渉にあたったのが細川藤孝と和田惟政だった。当時の史料を読むと「尾州（尾張）・濃州（美濃）和睦の事」という文言が目立つ。つまり、義昭陣営としては尾張の信長と美濃の斎藤龍興（斎藤道三の孫）との抗争が義昭上洛の障害になっていると考え、藤孝らが織田・斎藤両家の和睦に奔走していたのである。

いったん和睦は成立したようだ。信長が兵を率いて矢島御所へ伺候し、義昭の上洛に信長が供奉する段取りまでついていた。しかし、三好陣営が六角承禎へ調略の手を伸ばし、信長としても躊躇《ちゅうちょ》せざるをえなくなった。そこで信長は休戦の約束を破棄し、美濃へふたたび攻め入るのだ。こうして義昭陣営の目論見《もくろみ》は崩れ、六角側の不穏な動きもあって矢島を去った。

しかし、永禄一〇年八月、信長が斎藤龍興の居城である稲葉山城（のちの岐阜城）を落とし、美濃を手に入れた。ちなみに信長に追われた龍興は亡命し、反信長陣営に身を投じる。

こうなるとまた情勢は変わってくる。信長が義昭を奉じて上洛する障害が取り除かれたのだ。また、この年に織田・浅井両家の縁談が成立し、両家の同盟が成立する。これでますます信長の上洛の条件が揃うことになる。そういう情勢下で義昭は一乗谷へ移った。この時点では信長より早く義昭を奉じた形の義景のほうが有利であった。ところが既述のとおり、義景は家臣の意思統一を図ることができず、かつ家中に不穏な空気も流れ、好機を逸することになる。

ここに光秀が登場する。『細川家記』によると、光秀はこのとき藤孝に次のように提言したとある（光秀のその後の活躍の起点となる史料なのでそのまま掲載する）。

「（前略）此国（越前のこと）ニととまり（留まり）て、朝倉を御頼大功（上洛して将軍職に就くこと）

関連年表

永禄8年（1565）	5月	・三好三人衆と松永久秀に襲われ、13代将軍足利義輝が自害
	7月	・覚慶（のちの足利義昭）が奈良を脱出
	10月	・覚慶が近江の矢島御所へ移る
永禄9年（1566）	2月	・覚慶が還俗する
	8月	・信長が上洛のため近江矢島へ出兵しようとするが、実現せず
		・義昭が矢島から若狭へ移る
永禄10（1567）	8月	・信長が美濃稲葉山城（岐阜市）を落とす
	9月	・義昭が敦賀入り
		・このころ、織田と浅井の同盟成立
	11月	・義昭が越前一乗谷に入る
永禄11年（1568）	2月	・足利義栄が将軍となる
	6月	・朝倉義景が義昭を一乗谷で饗すものの、不穏な空気が流れる
	7月（13日）	・義昭が一乗谷を発つ
	（16日）	・義昭が小谷城に入る
	（22日）	・義昭が岐阜城下の立政寺に到着
	8月	・信長が義昭へ、要望の「条々」に対する回答を明智光秀に言い含めていると返事

遂られん事ハ叶ひ難く候、織田信長は当時之勇将今既ニ美濃・尾張を領して江州を呑まんとするの気あり、我等彼室家（信長の正室）に縁ありて、頻に被招、大禄を授んとの故、却堆而猶予せり、貴殿忍んで岐阜に赴き、信長を御頼へし」

光秀はまず越前にいても、らちが明かないといっている。越前にとどまるより岐阜の信長を頼り、大功を遂げなさいと藤孝にすすめているのだ。しかも、光秀は藤孝に「自分は信長の正室に縁がある」とまでいっている。

そうして藤孝もこの提言に同意するのだ。しかし、藤孝は織田家の中に知人がいないと伝え、「頼りよからん時は足下（光秀のこと）を頼へし」とつづけるのである。つまり、信長の室と縁者である光秀に口聞きを頼んでいるのだ。ここでいう「信長の室」というのは「濃姫」として知られる道三の娘（帰蝶）のこと。

『細川家記』はその後、永禄十一年（一五六八）六月二三日になって義昭が藤孝らを信長のもとへ派遣したとしており、その際、藤孝らは光秀を通して信長に謁見している。つまり、光秀は義昭と信長の橋渡し役として、一足早く岐阜に伺候し、信長に仕えていたことになる。本当に光秀は藤孝にこう提言したのだろうか。研究家の間で論の分かれるところだが、みてきたとおり越前入りの前から藤孝は信長と接触し、幻に終わったものの、信長の上洛計画が動き出していた。しかも光秀の提言は、その障害となっていた斎藤龍興との抗争に終止符が打たれた直後になされている。光秀にわざわざ提言されずとも、藤孝は事情をわきまえていたはずだ。

加えて、光秀にとって朝倉家が妻の黒髪を売ってまで仕官しようとした家であるのなら、その朝倉家を頼っても、らちが明かないという光秀の発言には違和感がある（『細川家記』はその理由を讒言によって義景と光秀の関係が疎遠になったとしている）。光秀と帰蝶が従妹の関係にあったというのは通説だが、それを記載する『明智一族宮城氏系図』などには疑問が残る。土岐明智一族の姫が二代目道三に嫁いで帰蝶を生んだ可能性はあっても、光秀の従妹ではあるまい。

しかし、まったく義昭の岐阜行きに光秀が関係していなかったのかというとそうではない。

大いに関係している。年不詳ながら、信長が藤孝へ宛てた書状が謎解きのヒントとなる。日付は八月一四日付。一般的に元亀二年（一五七一）の書状だとされているものの、信長の当時の花押《かおう》（書状の末尾に記す直筆のサイン）の形状から永禄一一年（一五六八）のものだといえる（谷口研語『明智光秀　浪人出身の外様大名の実像』）。

義昭一行は、朝倉家に見切りをつけ、永禄一一年七月一三日に一乗谷を発って、信長が新たに居城とした岐阜城下へ向かった。同月一六日、小谷城（長浜市）へ入り、すでに織田と同盟していた浅井長政の饗応《きょうおう》を受けている。そして同月二二日、一行は岐阜城下の立政寺《りゅうしょうじ》に入る。問題の文書をその年の八月一四日付とすると、その直後に信長が一行に加わっていた藤孝に宛てた書状ということになる。

まず義昭から信長に「条々仰せ下さる」要望があり、その条々を承諾した旨が書状に記され、「明智に申しふくめ候」と記されている。つまり信長は、義昭からの要望に対する詳細な答えは光秀に言い含めてあるので彼に聞いて欲しいといっているのだ。ここからは『細川家記』にあるとおり、光秀が義昭・藤孝らの一行より先に信長の元へ馳せ参じ、信長と義昭との連絡係を担っている事実が確認できる。「足軽衆」にすぎない光秀だが、義昭にその能力を買われたのでなければ、ここまで重要な役目を与えられないはず。光秀と帰蝶は従妹の関係ではなかったかもしれないが、土岐明智一族に連なる者として、光秀が帰蝶を通じて織田家と無縁ではなかったことから、連絡係に抜擢されたのだろう。また、信長も「光秀にすべて言い含めてある」というくらいだから、このときすでに光秀の能力を見抜き、信頼していた証ともいえる。『細川家記』にはこのとき、信長は光秀に五〇〇貫の知行を与えたとある。

光秀がもし朝倉義景に仕えていたとしても、越前を離れた際にすでに義景との主従関係を断ち、義昭の直臣として信長に会ったと思われるが、義昭と信長の連絡係になったことにより、光秀は信長にも仕える両属の関係になった。光秀の生年を享禄元年（一五二八）だとすると、苦節四〇年。ようやく芽がでた瞬間といえよう。

謎29 正室「熙子一筋」は嘘か？

光秀は生涯、一人の妻しかもたなかった。つまり、側室を置かず、正室の熙子《ひろこ》一筋だったとよくいわれる。何度か書いているが、越前の称念寺（坂井市）門前で光秀が悶々《もんもん》と日々をすごしていたとき、熙子が自慢の黒髪を売り、光秀がそのカネを元手に連歌会を催し、それが朝倉義景に仕えるキッカケになった伝説は夫婦愛を象徴する美談として語り継がれている。

また、こんな伝承も残っている。熙子が光秀に嫁ぐ前、疱瘡《ほうそう》にかかって顔に痕《あと》が残っていた。そこで熙子に瓜二つの妹に姉の身代わりをさせ、光秀に嫁がせた。しかし、光秀はそれを見破り、熙子を妻として迎えたというのである。これも夫婦愛につながる逸話である。

熙子の生年は不詳ながら、享禄三年（一五三〇）生まれ説にもとづくと、光秀が享禄元年に生まれていたとしたら二つちがい。熙子は土岐一族である妻木氏の出身だとされ、光秀を土岐明智一族の正嫡とする通説だと、妻木氏（勘解由左衛門範熙《かげゆざえもんのりひろ》）が一族の有望な若者に娘を嫁がせたと解釈されている。

しかし、光秀の出自を土岐明智一族に連なる地侍層とすると、玉の輿に乗ったのはむしろ光秀のほうだ。光秀はれっきとした土岐源氏の流れを汲む妻の縁戚関係があったればこそ、土岐一族と称することができた。かつ、前項でみたとおり、一族の姫が産んだ可能性のある帰蝶（信長の正室）との関係で信長に仕えることも可能になった。まさに妻さまさま。何も黒髪を売らずとも、煕子の存在そのものが夫の出世を立派にサポートしている。そういう妻だから、光秀も大事にしたはずだ。

だいぶ後の話になるが、天正九年（一五八一）八月二一日付の『多聞院日記』に「惟任《これとう》（光秀のこと）の妹の御ツマキ死了。信長一段のキヨシ也」と書かれている。光秀の妹とあるものの、妻木氏出身の妻煕子の妹のことだろう。「キヨシ」は「気好し」だと解釈されている。光秀の妻の妹が信長のお気に入り、つまり愛人か側室になっていたことがわかる。『多聞院日記』はその後、その信長のお気に入りの女性が亡くなってしまったので光秀が落胆したと続けている。光秀が落胆するくらいだから、信長との主従関係において、その「妻木の方」というべき女性が信長と光秀の間の潤滑油の役割を果たしていた事実がうかがえる。やはりここでも妻の縁者が光秀の出世に貢献しているのである。

多羅城（大垣市）で生まれた光秀が宗家の城のある明智（可児市）周辺に移り住んだ後、玉の輿に乗った彼は、妻の実家である妻木の里（土岐市）で新婚生活を過ごしていた可能性もある。このように煕子は、まだ歴史の表舞台に登場するまでの光秀を支えた糟糠《そうこう》の妻であった。しかし、いろいろな意味でかけがえのない妻熙子は、光秀が近江坂本（大津市）に城をたまわってしばらくして亡くなっている。

比叡山のふもとに天台真盛宗《しんせい》（天台宗の一派）の西教寺《さいきょうじ》（大津市）という寺がある。坂本城の一部が移築されていることや明智一族の墓があることで知られ、そこで彼女は永眠している。その西教寺の過去帳によると、熙子は天正四年（一五七六）一一月七日に坂本城で亡くなったという。光秀はそのとき、本願寺がこもる大坂城を包囲中だった。光秀もその陣中で発病し、自身の病状は回復したが、その後、こんどは妻が病《やまい》に倒れ、そのまま病死してしまうのである。

ところが、不思議なことに『明智軍記』によると、光秀の居城坂本城が羽柴勢に囲まれた際、「光秀が妻室」が侍女四、五人を召し連れて奥から現われ、「城に火をかけよ」と家臣に命じたという。だとすると熙子は、夫が本能寺で織田信長を討ったあとまで生きていたことになる。あるいは、熙子は過去帳どおり天正四年に亡くなり、『明智軍記』がいう「光秀が妻室」は側室だったのだろうか。

そもそも、正室熙子が三男四女をもうけているといわれる半面、『明智系図』によると、光秀には計一〇人以上の実子がいたことになっている（次項で詳述）。光秀が熙子以外の女性に子ども産ませていなければ、数が合わない。

『明智系図』の作者でもある僧玄琳（京都妙心寺の僧）は側室の子といわれているが、それには理由がある。玄琳は、江戸時代の寛永八年（一六三一）六月、喜多村弥平兵衛《きたむらやへいひょううえ》（出羽守保光《でわのかみやすみつ》）という人物にその系図を送っている。無関係な人に系図は送らない。よって、玄琳が系図を送った喜多村弥平兵衛は母方の祖父にあたる人物だといわれる。つまり、伊賀国柘植《つげ》城（伊賀市）城主喜多村保光の娘が光秀の側室になっているのだ。

一方、玄琳が系図を送った年も判明しており、江戸幕府三代将軍徳川家光の治世である寛永八年（一六三一）だった。その年、玄琳は六五歳だったと自ら書き残している。そこから逆算すると、永禄一〇年（一五六七）の生まれ。光秀が足利義昭と信長との連絡役として活躍するころだ。つまり、熈子が亡くなるほぼ一〇年前、光秀は側室を置いていたことになる。

また、『美濃国諸旧記』には、光秀若かりしころ、千草という「美婦」と密通し、男子をもうけたとある。しかし、世をはばかって、光秀は長男を母方に残し、母方の氏名を名乗らせたという。

光秀が熈子を大事にしていたのは事実だと考えられるが、残念ながら、熈子一筋というわけにはいかなかったようだ。

謎30 じつは子だくさんだった光秀

『明智系図』（『続群書類従』所収）によると、光秀はぜんぶで一一人（養子は除く）の子宝に恵まれている（図参照）。光秀は意外に子だくさんだったのである。『明智系図』を補強しながら、話を進めていこう。

三女が嫁いだ織田信澄《のぶずみ》の父は、信長の実弟織田信行《のぶゆき》（信勝ともいう）。信行は信長と家督《かとく》を争い、信長が仮病を装って信行を見舞いに来させ、家臣に謀殺させている。したがって、本能寺の変の際、父の恨みを晴らすため、信澄が光秀と組んで謀叛におよんだという噂がまことしやかにささやかれ、南蛮人宣教師のルイス・フロイスも『日本史』に書きとめている。信澄はちょうど、大坂城で徳川家康の接待役を終えた直後、本能寺の変を知った。しかし、本能寺の変の三日後、謀叛への加担を疑った従兄弟の信孝《のぶたか》（信長三男）と信長の重臣丹羽長秀《にわながひで》の軍勢に攻められ、大坂城千貫櫓《せんがんやぐら》で討ち死を遂げる。ちなみに、信澄は「一段の逸物なり」、「甚だ勇敢だが残酷」と評され、信澄は伯父信長に似て、冷徹で行動力に富む武将だったとされている。

初代熊本藩主となる細川忠興に嫁いだのが四女のお玉。細川ガラシャとして知られる女性だ。

有名な女性なので彼女については次項で詳述する。

光秀は、大和の筒井順慶《じゅんけい》の嫡男定次《さだつぐ》にも、信長の養女として娘を嫁がせている。『明智系図』からは抜け落ちているものの、光秀は摂津《せっつ》の荒木村重とも婚姻関係をむすび、その嫡男村次《むらつぐ》に長女を嫁がせていた。ただ村重が信長に叛いた際に離縁され、娘は光秀のもとに返された後、父の重臣である明智秀満《ひでみつ》（三宅弥兵次《みやけやへいじ》）と再嫁《さいか》している。また、次女も系図には書かれていないが、光秀の重臣（従兄弟ともいわれる）明智光忠の妻になったとされる。

このほか、川勝《かわかつ》丹波守というのは川勝秀氏《ひでうじ》（江戸幕府の旗本）のことだろうか。彼の父継氏《つぐうじ》は丹波の生まれで、光秀の丹波攻略の際、その与力となっている。井戸《いど》三十郎《さんじゅうろう》はもともと大和井戸（天理市）の城主だった井戸良弘《よしひろ》の次男治秀《はるひで》と思われる。

以上、娘ばかりみてきたが、問題は男子だ。

『明智系図』には六人の男子がいる。一人は系図の作成者である僧玄琳。もう一人の僧不立（読み方不詳）は系図によると、京都嵯峨野の天龍寺に閑居《かんきょ》した後、東山音羽川のあたりで横死《おうし》とある。残るは阿《あ》（安）古丸《こまる》、十内《じゅうない》、自然《じねん》（丸）、内治麻呂《うちまろ》の四人。まず阿古丸は山崎の合戦で討ち死にし、十内は筒井定次の養子になった後、坂本城で自害したと記載されている。自然も「同所において死」とあり、坂本城で死んだという。内治麻呂は側室の喜多村出羽守の娘が生んだ子で、本能寺の変の年の正月に坂本城で生まれたが、その後の詳細は不明。

『明智系図』にみる光秀の子女

光秀
- 女（織田信澄の妻）
- 女（ガラシャ＝細川忠興の妻）
- 女（筒井定次の妻）
- 女（川勝丹波守の妻）
- 僧玄琳（『明智系図』の作成者）
- 安古丸
- 僧不立
- 女子（井戸三十郎の妻）
- 十内
- 自然
- 内治麻呂

一般的にいうと、出家した玄琳を除いて、光秀の男子は三人いる。長子は光慶《みつよし》（十五郎《じゅうごろう》）とされている。つづいて、次男自然丸、三男阿（安）古丸というのが一般的だろうか。このほか、十次郎《じゅうじろう》、乙寿丸《おとじゅまる》という男子の名が伝わっているが、詳細や消息は一切不明だ。もう一人、於崔丸という遺児がいたらしく、歴史研究家の明智憲三郎氏はその末裔だと主張されている。

ところで、坂本城落城の際、フロイスによると、光秀の男子が二人、坂本落城と運命をともにしたことになっている。その二人は誰なのか。三人のうちの誰かということになるが、坂本城で死んだのは自然丸と阿古丸ともいわれる。そう、長子の光慶は死んでいないというのだ。その視点で系図をご覧いただきたい。自然丸や阿古丸の名は記載されているものの、光慶の名がどこにも見当たらない。

系図から〝消えた光慶〟の謎――その答えとして、

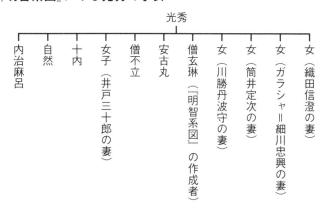

系図を作成した玄琳こそが落ちのびて妙心寺僧となった光慶ではないかという仮説が成立しそうだ。ところが光慶は正室熈子を母とするとみられており、玄琳を側室の子とする話と矛盾する。やはり、光慶は坂本城で自害したか、それとも、光秀のもう一つの居城である亀山城（京都府亀岡市）で亡くなったとみるべきだろう。しかし、この話は一筋縄でいきそうにない。

大阪府岸和田市に臨済宗妙心寺派の本徳寺という寺があり、唯一、明智光秀の肖像画を所蔵する。その寺の開基は、京都妙心寺の僧侶南国梵桂《なんごくぼんけい》和尚。その南国和尚が光秀の肖像画を描かせたという。一方、玄琳も妙心寺の僧。正確にいうなら、数多《あまた》ある妙心寺の塔頭《たっちゅう》（寺に属する個別の坊）の一つで住職の地位にあった。その玄琳の塔頭は、光秀の正室熈子の実家妻木氏（江戸幕府の旗本として残る）とゆかりがあるともいわれる。こうなると、熈子の産んだ長男光慶が落ち延び、妙心寺で「僧玄琳＝南国和尚」となって岸和田で本徳寺を開き、父光秀の肖像を描かせたということになるのだが……。

以上の話とは別に、千葉県の市原市には光慶のものとされる墓が伝わっている。

墓石には「土岐□重五郎」と刻まれ、□の部分は判読不明。光秀は土岐一族を称しており、かつ、重五郎は十五郎に通じる。光慶は岸和田どころか、遠く市原まで逃れたのだろうか。

もはや、謎解きできる限界を超越した話といえよう。

謎31 絶世の美女細川ガラシャの謎

細川お玉（珠）、洗礼名ガラシャ——は一般的に光秀の三女とされている。しかし、織田信澄の妻となる光秀の娘がお玉の四年前に嫁いでおり、本書では、婚姻の順からみて信澄の妻を三女、お玉を四女とする。

敬虔なキリシタンである彼女は、夫・細川忠興（当時は丹後田辺城主）が徳川家康の軍勢に従軍して留守にしている間、家康や夫らと対立する石田三成（近江佐和山城主）らの人質になることを拒み、大坂城下の邸で壮絶な死を遂げた。いわずと知れた悲劇のヒロインである。

クラッセというイエズス会宣教師が書いた『日本西教史』には「容貌の美麗比倫なく」とある。一方、クラッセは夫の忠興について「勇猛な武将」としつつ、「傲慢」と批判しているから、たぶんにキリシタンの彼女への身びいきはあろう。しかし、だからといって彼女の美貌を否定する材料にはならない。そのガラシャ夫人については、淑女説と悪女説が相半ばしている。

彼女が織田信長の媒酌《ばいしゃく》により、同い年の忠興と夫婦になったのは天正六年（一五七八）のこと。一六歳、本能寺の変の四年前であった。二人は睦《むつ》まじかったとするのが通説だ。たしかに、忠興との間に少なくとも三男二女をもうけていることは確認できる。しかし、彼女が二〇歳になった同一〇年（一五八二）、夫婦の危機が訪れる。父の光秀が織田信長を京の本能寺で討ち果たした後、羽柴秀吉に敗れ、彼女は〝謀叛人の娘〟の烙印を押されるのである。忠興は妻の玉を味土野《みどの》（京丹後市）という細川領の山奥に幽閉する。この通説に対して、彼女はいったん明智領の丹波へ送り返され、そこで剃髪したという説もある。いずれにせよ、彼女にとっては屈辱の日々となった。

本能寺の変で光秀が信長を討ち、秀吉に敗れるまでの間のことだと考えられるが、彼女は父光秀に手紙を送り、「父上の腹黒な御心のせいで私は忠興に捨てられてしまいました」という恨みを書き連ねたという。そして、彼女はあまりの悔しさに自害しようとするが、与一郎（嫡男の忠隆《ただたか》）が生まれたばかりだったので思いとどまるのである。

結局、彼女の幽閉生活は二年におよび、やがて秀吉に許されて忠興と復縁する。忠興が大坂城下の玉造口に邸をたまわると、彼女もそこに住むことになった。彼女がバテレンの教えに触れるのは、その大坂時代。天正一五年（一五八七）、夫の忠興が秀吉の九州遠征に従軍し、大坂を留守にしていたとき。忠興は「帰るまでは決して外出せざるやう」（『イエズス会日本年報』）と彼女に命じ、「その家臣で大いに信頼せる老貴族二人に夫人を守ることを命じた」（『同』）という。通説では、偏執的なまでに嫉妬深い忠興が留守中、美貌の妻を他人に寝取られないために老臣に妻の監視を命じたとされるが、別の理由も考えられる。その年、秀吉は遠征先の筑前箱崎（福岡市）でバテレン追放令を発し、キリシタンは受難の時代を迎えた。そういう時期だけに忠興は、異教にかぶれていた妻が教会へ出向くことを警戒したともいえよう。

しかし、彼女は夫の命をやぶり、彼岸《ひがん》の寺めぐりと偽って天満にあった教会を訪ねる。教会で彼女はコスメという修道士に日本の諸宗派の道理を述べ、激論を交わす。そのときコスメは「かくのごとく日本の宗旨のことを知り、事理を解する夫人は、日本においてかつて見たことがない」（『同』）という賛辞を送った。それほど聡明な女性だったのだろう。結局、彼女はバテレンの教えもまた真理だと考え、先に洗礼を受けていた侍女（清原マリア）から玉造の邸内で受洗するのである。洗礼名のガラシャには「恩寵＝神の恵み」という意味がある。

こうしてガラシャやマリアのみならず、多くの侍女や子どもたちの乳母《めのと》も洗礼を受け、キリシタンとなった。ところが、『イエズス会日本年報』によると、九州から帰国した忠興は、些細な理由で、キリシタンとなった乳母の耳と鼻を削ぎ、追放したという。こんなこともあって夫婦仲に亀裂が生じはじめた。

同じころだと考えられる逸話が『細川家記』に記されている。忠興がある日、たいした落度もないのに下人の一人を手討ちにして、その血をガラシャの小袖で拭った。しかし、ガラシャはまったく驚いた様子を見せず、その小袖を三日も四日も着替えずにいた。結局、忠興が折れて彼女に詫びをいれたという。そのとき忠興は「なんじは蛇なり」といった。するとガラシャはすかさず「鬼の女房には蛇がなる」と答えた。罪のない人を殺すあなたこそ鬼、その妻には蛇がちょうどいいでしょうといったのだ。

また、類話として、忠興が屋根の葺き替え中に庭へ滑り落ちてしまった職人の首を刎ね、それをガラシャのひざの上に置いた。しかし、彼女は顔色ひとつ変えなかったという。こうした逸話だけ聞くと、たしかに〝悪女〟といわれても仕方がない。ただ、このように二人の夫婦生活を振り返り、忠興が妻におこなった数々の仕打ちを考えると、一方的に彼女を責められない。

彼女が夫に服従するタイプの女性でなかったのは事実だが、誇り高く、気丈で聡明。そして、戦国時代にはめずらしく、はっきりと自己主張する女性だったのだろう。彼女は三八歳でその生涯を終えるが、その最期は説明するまでもあるまい。玉造の邸が石田方の軍勢に包囲されると、自害が認められないキリシタンの教えを守り、潔く家老小笠原秀清の手にかかって死を迎えたとされる。しかし、彼女自身で自害したという説もある。

謎32 明智光秀と「坂本龍馬」をつなぐ点と線

明智家の家紋はご存じ、美濃の名門土岐家の「水色桔梗紋」。唐突ながら、幕末に活躍した土佐藩士坂本龍馬《さかもとりょうま》の家の家紋も「組合角《くみあいかく》に桔梗紋」。また、「坂本城」という光秀の居城と「坂本」という龍馬の姓の共通点。さらに、光秀は丹波攻略の際に「亀山城」（京都府亀岡市）を拠点としており、龍馬が海援隊の前身として長崎で旗揚げした商社の名が「亀山社中《しゃちゅう》」。

思いつくだけでも、光秀と光秀にはこれだけの共通点がある。

じつは、龍馬は光秀の末裔だとする説がある。この説のルーツは古く、龍馬が暗殺されてほどなくしてささやかれるようになった。明治一六年（一八八三）、『土陽《どよう》新聞』に連載された坂《さか》崎《ざき》紫瀾《しらん》の伝記小説『汗血千里駒《かんけつせんりこま》』がそのルーツ。

紫瀾は、土佐出身の自由民権運動家でジャーナリスト。明治の初めごろ、いまほどメジャーでなかった龍馬を一気に有名にしたのが、その紫瀾の作品だ。小説とはいえ、ある程度、史実にもとづくといわれている。その紫瀾は龍馬の先祖についてこう書いている。

「明智左馬之助光俊《みつとし》が一類にして、江州《ごうしゅう》坂本（落）城のみぎり、遁《のが》れて姓を坂本と改め、いったん美濃国関ヶ原のあたりにありしが、その後、故ありて土佐国に下り、ついに移住」

ここでいう「明智左馬之助光俊」は、三宅弥兵次として既述した光秀の娘婿。明智姓をたまわり、名が「左馬之助」「弥兵次」、諱《いみな》も「光俊」のほか「光春《みつはる》」や「秀満《ひでみつ》」とバリエーションがある。彼自身、謎の武将でもある。紫瀾は坂本城落城後、左馬之助が坂本姓にあらため、関ヶ原を経て土佐へ移住したといっている。

高知県南国市亀岩というところには、土佐に移住した明智あらため、坂本氏が居住していたとされる館跡がある。そこの墓石に、「（坂本家の初代は）天正十年近江坂本城落城後土佐ニ来リ長宗我部元親ニ任ヘル　父は近江坂本城々主明智左馬之助光春ト伝ハル」と書かれている。

やはり左馬之助、つまり光秀の娘婿が坂本家の先祖だというのだ。加えて興味深いのは、天正一〇年、すなわち本能寺の変が起きた年に、四国平定の途上にあった長曾我部元親へ仕えたとあること。本能寺の変は既述のとおり、信長による四国平定作戦をやめさせるために光秀が仕組んだという「四国説」が勢いをえているが、その関連としても注目できる。

繰り返しになるが、光秀と長曾我部元親とは「光秀の重臣（斎藤利三《さいとうとしみつ》）の実兄の義妹《ぎまい》が元親の正室」という関係になる。そのため光秀はずっと、長曾我部家と織田家をつなぐパイプ役（取次役）を担ってきた。信長は、やがて長曾我部家と断交するものの、それまでの関係から、明智家ゆかりの者が土佐へ移住してきたことを示す史料（長曾我部家の検地帳）もある。

もしも左馬之助が光秀の娘（妻）とともに土佐へ移り住み、その子孫が郷士《ごうし》（在郷する武士）として代々栄えていたとしたら、たしかに坂本家は光秀の血筋ということになる。

ただし、土佐にはまったく別の伝承も残っている。

例の墓石のある亀石の近くに才谷《さいたに》という村があり、郷士坂本家の初代（太郎五郎という人）は、もともと大浜姓を名乗っていたものの、四代目大浜八兵衛《はちべえ》守之《もりゆき》のとき、才谷村から高知城下へ出て「才谷屋」の屋号で質屋を営み、城下きっての豪商に成長するという伝承だ。そして、六代目の八兵衛直益《なおます》が坂本家から郷士株を買い、次男に家業を継がせ、郷士となった長男坂本直海《なおみ》の曾孫が龍馬となる。

坂本龍馬

以上整理すると次のようになる。

・明智左馬之助が土佐に住みつき、郷士坂本家の先祖となったという伝承。

・大浜八兵衛直益という高知城下の豪商（屋号は才谷屋）が坂本家から郷士株を買い、次男に家業を継がせ、長男が郷士坂本直海となったという伝承。

以上の伝承から、系図的に龍馬は光秀の末裔である可能性は否定できないものの、血縁的にいうと大浜姓であって、先祖が坂本家から郷士株を買ったにすぎず、光秀とは血のつながりはないという結論になる。

しかし、これで一件落着とはいえない。高知城下・才谷屋の主人、大浜八兵衛直益の明和四年（一七六七）の墓石には「山城国産也　蓋弘《けだし》治永禄（戦国時代前期）之比《ころ》避難内乱而来住」と先祖の履歴が書かれている。龍馬の直系の先祖（大浜氏）は戦乱を嫌い、山城国から土佐へ逃げてきた避難民だったというのだ。しかも、大浜の姓は近江の地名に因んだという伝承もあり、だとすると龍馬の先祖は山城から近江を経て土佐へ流れついた可能性がある。近江といえば、光秀ゆかりの地。居城の坂本城はもちろん、近江にある。大浜氏も明智家と何らかの関係があった可能性が指摘されている。

筆者の推測を交えて結論づけると、血のつながりはなくとも、坂本家が明智の末裔という伝承はあり、龍馬もその伝承を当然のことながら知っていた。それゆえ、龍馬も明智家由来の「桔梗紋」を好んでつけていたのではないだろうか。

謎33

光秀の「謎多き家臣」たち

光秀は、足利義昭一行より一足早く岐阜入りし、織田信長と義昭との連絡役をつとめた。その岐阜へと向かう光秀が越前朝倉義景の城下一乗谷（福井市）を発った際の顔触れが『細川家記』に記載されている。

「光秀家人《けにん》溝尾庄兵衛・三宅藤兵衛に二十余人」

溝尾庄兵衛については既報のとおり、諱を茂朝といい、可児市の明智城周辺の出身だとされている。その庄兵衛は、光秀が羽柴秀吉に敗れて小栗栖（京都市伏見区）で百姓らに襲われた後、光秀の首をやぶの中に隠し、その後、自害もしくは坂本へ落ち延びたとされる。

三宅藤兵衛は三宅左馬之助のことだろうか（左馬之助の子息が「藤兵衛」と名乗っている）。後に光秀の長女を妻とし、明智姓をたまわって**明智左馬之助**（あるいは弥兵次）秀満（あるいは光晴）となる武将だ。前項で述べた土佐の坂本龍馬の先祖と伝わる武将でもある。『明智軍記』では光秀の従兄弟とされているが、その出自は定かでない。ただし、美濃出身というのは信じていいだろう。本能寺の変では光秀の本隊に先駆け、信長の寝所がある本能寺御殿を急襲する重要な役目を担っている。つまり、この二人は光秀にとって最古参の家臣。光秀のライバルとなる木下藤吉郎秀吉でいうなら、蜂須賀小六正勝のような存在だろう。

このほか、可児左衛門尉・肥田玄蕃が既述のとおり、可児市の明智城周辺の出身とされ、初期のころの光秀の家臣団はやはり、美濃出身者が多かった。本能寺の変の後、光秀の与力であった大和の筒井順慶との交渉にあたった**藤田伝五**も美濃衆の一人。土岐高山氏の一族と考えられる高山次右衛門もそうだ。彼も明智姓をたまわり、**明智光忠**《みつただ》として知られる武将である（彼も光秀の従兄弟とされることが多い）。

その美濃衆で忘れてならないのが**斎藤利三**《としみつ》だ。本能寺の変に際し、『言経卿記』に「今度謀叛随一也」と記され、光秀謀叛の動機の一つである「四国説」のキーパーソンになっている。美濃守護代の家柄である斎藤家の一族だとされる。ただ、古参の家臣である庄兵衛らに比べると、同じ美濃出身ながら新参者といえる。利三は、信長に仕えた稲葉一鉄の家臣だったものの、光秀が引き抜いて自分の家臣にしたといわれている。なお、利三の娘お福が後の春日局（江戸幕府三代将軍徳川家光の乳母）である。

ところで、岐阜入りしたころには二〇余人だった光秀の家臣も、信長に仕えた後、織田家の身代が大きくなるにつれ、家臣の数もふくれあがる。二年後には五〇〇人規模、七年後には二〇〇〇人規模となっている。倍々ゲームのような増え方だ。それだけ光秀の出世が著しかったことを物語っている。とても美濃衆だけで、それだけの家臣団は築けない。

まず、元亀二年（一五七一）九月に信長が比叡山を焼き討ちした後、近江国志賀郡（高島市と大津市）、さらには山城国愛宕郡《おたぎ》（京都市北区・左京区・東山区）の者らが家臣団に組みこまれた。

それから何といっても、天正元年（一五七三）に将軍足利義昭が追放された後、将軍家に仕えた幕臣らをこぞって召し抱えたことだ。室町幕府政所《まんどころ》執事の家柄にあった伊勢一族の貞興《さだおき》や蜷川貞栄《にながわさだひで》・貞房《さだふさ》父子らが幕臣グループにあたる。

天正三年（一五七五）に光秀が信長に丹波攻略を命じられると、さらに、丹波衆が家臣団に加わることになる。以上の家臣団の中で光秀がもっとも信頼している家臣は誰なのだろうか。やはり、古参の臣である溝尾庄兵衛と三宅左馬之助だろうか。それとも、他にいるのだろうか。

本能寺の変のみぎり、事前に信長弑逆の決意を伝えていたか否か――ある程度これで光秀の信頼度を図ることができるだろう。光秀は本能寺へ出陣するまで家臣に一切その本心を明かさなかったが、『信長公記』によると、出陣前、四人の家臣だけに伝えられていたという。その家臣の名を本稿では太字にしている（溝尾庄兵衛を含める場合もある）。いずれも美濃出身者ばかり。やはり頼りになるのは、古手の家臣たちというところだろうか。

コラム

明智左馬之助の「湖渡り伝説」の真相

光秀の娘婿・明智左馬之助は本能寺の変後、織田信長の居城だった安土城（近江八幡市）が明智勢に接収された後、その守将を任された。

山崎の合戦で明智軍が敗れたという報に接するや、左馬之助は安土城から坂本城へ逃げ帰る。このとき彼が坂本まで馬で湖水を渡ったとする伝説が残っている。江戸時代に生まれた伝承だ。

左馬之助は、坂本へ撤退する本道を敵（羽柴秀吉軍）にふさがれ、やむなく琵琶湖に馬を乗り入れたという。羽柴勢の兵たちは渚際まで見物にやって来て「溺れ死ぬところをみようじゃないか」と言って笑いあった。

ところが左馬之助は、いつも馬で湖水に乗り入れ、どこが浅瀬なのかわかっていたから、羽柴勢の嘲笑をものともせず、粟津《あわづ》（大津市）の北から唐崎（同）まで見事、湖水を渡りきったという。

しかし、いくら遠浅とはいえ、粟津から唐崎までは、直線距離にしておよそ一〇キロ。しかも、自身の体重に加えて、甲冑の重さ（約三〇キロ）も負荷として馬にのしかかる。この伝説は果たして事実なのか。

ホーストレッキング（馬に乗り、自然の中で散策を楽しむこと）の経験者に取材したことがある。すると、「基本的に渚沿いに進むという前提なら、その程度の距離は可能だと思う」という答えが返ってきた。一方、地元の人にも話を聞いた。すると、「琵琶湖の瀬田川河口付近の流れは複雑。湖渡りなどは無理だ」という。

どちらが正しいのかよくわからない。そこで史料にあたってみた。

山崎の合戦に秀吉が勝利した後、祐筆に書かせた『惟任退治記』という史料がある。この史料は勝者側の歴史書だから、光秀を意識的に〝世紀の謀叛人〟へと貶《おとし》めており、諸手を挙げて内容に敬意を表するわけにはいかないが、まだ合戦の記憶が生々しい間に書かれた史料として価値はある。

その『惟任退治記』にわずかながら、秀満湖渡りに関するくだりが記載されている。

「弥平治（左馬之助のこと）、小舟を取り乗り、坂本城に籠る」

つまり、左馬之助は馬でじかに汀へ乗り入れたのではなく、馬に乗ったまま小舟に移って湖を渡ったことになる。馬ごと小舟に乗った左馬之助が、羽柴勢の兵の目にはそのまま湖水に乗り入れたように映ったのかもしれない。あるいは、馬ごと小船に乗った左馬之助の姿が誇張されて伝わったのか。

真相はそのどちらかではないだろうか。

左馬之助が守将をつとめた安土城

謎34 鉄砲の「名手」だったのは本当か？

『明智軍記』にこんな話が掲載されている。

越前の朝倉景勝が「鉄砲にて、あまた多くの敵を打ち落とす（光秀の）高名」を聞き、一乗谷（福井市）の城下の馬場に垜《あづち》（的場のための盛り土）を築き、五〇メートルほど離れたところから、光秀にわずか三〇センチ四方の小さな的を鉄砲で狙わせた。

光秀が一〇〇発の銃弾を撃ち終えたとき、的の中心の黒星に六八発が命中していたという。五〇メートルというのは実戦的な距離。実際にその距離で火縄銃を撃った場合、十分に殺傷能力があると実証されている。光秀は七割の確率で、小さな的の中心部分に銃弾をめりこませたのだから、かなりの腕前。スナイパー級といえる。しかも残る三二発も、すべて三〇センチ四方の的の枠内におさまっていた。これが合戦なら、敵兵の甲冑のどこかに百発すべてがあたっている。義景はその才能に感嘆し、光秀に鉄砲寄子一〇〇名を預け、鉄砲隊を率いさせたという。面白い話だから信じたいところだが、ネタ元（『明智軍記』）が悪すぎる。光秀が朝倉家に仕官していたかどうかも確証をえない。とはいえ、光秀が鉄砲の名手だった可能性はあるといっておきたい。

異説ながら、光秀は若狭国小浜《おばま》の刀工冬広の第二子として生まれたものの、鍛冶職人の仕事を嫌い、武士になったという伝承がある。この出自説が事実かどうかはともかく、このころの鍛冶職人の中には鉄砲作りを兼ねる者もいたらしく、そうしたことから光秀を鉄砲鍛冶職人の子息だったという巷説《こうせつ》が生まれたのだろう。

鉄砲鍛冶の子息が鉄砲の名人になるという話は、なさそうでありそうな微妙な話だ。

『細川家記』も、光秀に「大筒《おおづつ》の妙術これあり候」と記載している。ここでいう「大筒」は大砲のことではなく、大型の火縄銃のことだろう。『細川家記』は『明智軍記』より成立が遅く、『細川家記』が『明智軍記』に掲載される「光秀鉄砲名人説」を採用した可能性はある。ただし、信用できない話でも、こう鉄砲がらみの話が続くと、完全否定できないように思う。

光秀は鉄砲のほか、剣や槍・薙刀《なぎなた》の達人（『明智系図』）だったとされ、以上の話を信じるなら、一人の「つわ者」としての能力はなかなかのものだ。「文武」のうちの「武」はみてきたとおりだが、「文」のほうはどうだろうか。

土御門《つちみかど》家に伝わる元亀三年（一五七二）閏正月一二日付の書留（メモ）にこうある。

「信長御若子と甲州信玄御息女、御縁辺御祝言《ごえんぺんごしゅうげん》の儀について、明智十兵衛殿まで、かくのごとく霜台《そうだい》より仰せ上げられ候」

上洛を遂げた信長が反発する勢力によって「信長包囲網」を敷かれた際、信長がなんとか甲斐の武田家と縁組みしようと画策していたころの話だ。霜台というのは、信長の旧官職である弾正忠《だんじょうのちゅう》の唐名《からめい》。御祝言の儀というのは、婚儀の際の先例・典故《てんこ》・吉凶を占うことを意味している。信長が、自身の息子と武田信玄の娘の婚儀について、婚儀の吉日を占うよう明智十兵衛（光秀）に命じているのだ。つまり、実際に占うのは土御門家だとしても、光秀自身もまた、先例・典故などに長じている証しといえよう。

光秀はまた連歌の第一人者である里村紹巴《さとむらじょうは》と交流し、連歌の素養もあった。永禄一一年（一五六八）一一月一五日の連歌会から本能寺の変の直前に愛宕山で催した有名な連歌会（愛宕百韻《ひゃくいん》）まで、谷口研語氏の調べによると、光秀が参加した連歌会は年月日未詳のものを含めると、二五回におよぶという（『明智光秀　浪人出身の外様大名の実像』）。

また、この時代の武将の嗜《たしな》みである茶の湯にも造詣の深さがうかがえる。さらに熊本市内の旧家で発見された史料（前出）の『針薬方』がある。光秀が口伝した医薬書だ。症状に応じた薬の配合を記した医薬書だから、いまでいう薬剤師並みの薬の知識があったことになる。

こうみてくると、光秀の多才さを認めざるをえない。光秀が文武両道に秀でた武将であるのは間違いないだろう。

第三章

織田家「家臣」時代の実像

——信長との本当の関係から
人脈、人望まで

謎35 将軍の近臣にして「信長の京都奉行」だった謎

永禄一一年（一五六八）九月七日、織田信長は岐阜を発し、上洛の途についた。

わずかに南近江の六角承禎が抵抗したものの、承禎は居城する観音寺城（近江八幡市）を捨てて、甲賀へ逃れた。その後、細川藤孝・和田惟政ら義昭の直臣らが織田方に降った近江の国衆を従え、信長の先陣を切って京に入った。つづいて信長が京の東福寺（東山区）に入ると、柴田勝家らに三好三人衆を攻めさせ、二九日には拠点の一つである勝竜寺《しょうりゅうじ》城（長岡京市）を攻め落した。ちなみに、この城はのちに細川藤孝の居城となり、光秀の娘お玉が輿入れする城。本能寺の変後、明智の属城になって山崎の合戦に敗れた光秀らが逃げ帰った城として知られる。

一方、京の清水寺（東山区）に入った義昭はやがて六条の本圀寺《ほんこくじ》（現在は山科区へ移転）へ移り、一〇月一八日、念願の征夷大将軍に補任《ぶにん》された。ちなみに、三好勢に擁立されていた一四代将軍義栄はこのころ病没している。

光秀はこの信長の上洛戦の際、どこにいたのだろうか。史料は詳細を語らないものの、一一月一五日に藤孝と連歌会に参加しているから、藤孝と行動をともにしていたとみられている。

こうして三好勢を駆逐して上洛を遂げた信長だったが、義昭を将軍職につけるや、一〇月二六日に京を発って岐阜へ帰ってしまう。すると翌永禄一二年正月五日、いったん京を追われていた三好三人衆の軍勢（信長に国を奪われた斎藤龍興も含む）が義昭の仮御所である本圀寺を囲んだ。義昭を守るべく本圀寺に立てこもった将の一人に「明智十兵衛」の名が『信長公記』にある。光秀らは苦戦するが、翌日、信長に与した池田勝正《かつまさ》・伊丹親興《ちかおき》・荒木村重らの摂津衆が救援に駆け付け、桂川のあたりで三好勢を破り、窮地をしのいだ。急報を受けた信長は大雪をものともせず京へ入るとほぼ同時に、義昭のための御所作りを命じる。これがのちの二条御所（現在の二条城とは別）となる。

ところで、このころの光秀の立場は微妙だった。信長の知行を受けつつ、義昭から山城国下《しも》久世《くぜ》荘（京都市南区）をたまわっているからだ。

下久世荘は東寺（同）の荘園。すなわち東寺領だ。そこを所領にたまわることはイコール、東寺に入る荘園年貢を分捕ることを意味する。実際に光秀は東寺に横領の罪で訴えられているが、鎌倉時代以降、こうして寺社や貴族の荘園が武士に奪われ、没落していった。

さて、このように光秀は信長と義昭という二人の主君をもつ両属の関係となっていたが、義昭が将軍に補任されたころ、光秀が本圀寺の仮御所を警護していたことからわかるとおり、光秀は義昭に近侍する「将軍の近臣」であり、同時に「信長の京都奉行」であった。

光秀が丹羽長秀（柴田勝家・羽柴秀吉・佐久間信盛とともに織田家四将の一人）や木下藤吉郎秀吉らとともに京都市中や山城・丹波などの民政にかかわる書状に名を連ねているからだ。実際に光秀らが京都奉行という名の職掌《しょくしょう》をえていることを証明する史料はないものの、その職務から事実上の京都奉行だといえる。もちろん、信長が光秀の奉行としての才能を買ったこともあるだろう。しかしそれより、信長は義昭との関係を考え、「将軍近臣」という光秀の〝立場〟を買ったのではなかろうか。

　義昭と信長の関係が良好な間は問題なかったものの、やがて二人の関係が壊れてゆくに従い、光秀の対応や身の振り方は次第にむずかしくなってゆく。

　義昭が近臣の一色藤長《いっしきふじなが》に曇華院《どんげいん》（京都市右京区）の荘園である山城国大住《おおすみの》荘（京田辺市）を与えた。もちろん、曇華院は武士の横領を拒んだが、院主が女性であるから侮られたとして信長に泣きついた。信長が義昭近臣の上野《うえの》秀政《ひでまさ》と光秀に送った書状には「外聞もいかが候」とあって、将軍家の外聞に差し障るとして、義昭のおこないに釘をさしている。そして信長は光秀らに「このことを（将軍の）お耳に入れ、今後このようなことがないようにしてもらいたい」と伝えている。

　一色藤長と同じこと（横領）をしている光秀としては複雑な気持ちだっただろうが、それよりも、信長が主張する以上、将軍義昭に伝えて、藤長の大住荘知行の件をあらためさせなければならない。嫌な役目だ。しかし、嫌な役目ですまされない問題も生じていた。信長の傀儡になるのを嫌う義昭が全国の大名に御内書《ごないしょ》（将軍の私文書）を発給していた問題で信長との関係が決定的になった。永禄一三年（一五七〇）の正月のこと。義昭が将軍に補任されて一年二ヶ月ほどしかたっていなかった。

信長は「五ヶ条の条書」（あるいは殿中掟書）と呼ばれる通告を義昭におこなった。ちなみにこの前に出された条書を含めると、全部で二一ヶ条となる。

正月二三日の五ヶ条のうち、まず第一条では、例の御内書を送る際には事前に連絡して信長の添状が必要な旨、記載されている。つづいて第二条では、これまで下知した命令は白紙にもどすよう通告し、とくに第四条では「天下の儀は信長に任せているのだから、上意（義昭の意志）にかかわりなく信長は誰彼となく成敗できる」としている。将軍の権力の源泉である「天下静《てんかせい》謐執行権限《ひっしっこうけんげん》」（天下を武力で平穏に保つ権限）を信長が代行し、義昭は将軍といえども、御内書一つ、自身の意思で発給できなくなったのだ。条書の袖（文書の右側）には義昭の黒印が押されており、義昭自身、承諾せざるをえなかったことがわかる。そして重要なのは、条書の宛先が「日乗上人《にちじょうしょうにん》」と「明智十兵衛尉」であること。

日乗上人は、出雲国朝山（出雲市）の人とされ、朝山日乗と呼ばれる日蓮宗の僧。経歴はよくわかっていないが、義昭の兄・義輝の使僧をつとめたこともあり、信長の入京後、重用された。幕府の奉公衆でもなく、織田家の家臣でもない。いわゆる第三者だ。したがって、信長はこの条書の立会人、あるいは保証人という立場を日乗に求めているのである。

その日乗とともに光秀へ宛てていることを考えると、光秀もまた条書の立会人としての立場を求められていることになる。光秀は将軍の近臣であるとともに織田家の事実上の奉行をつとめる両属の関係。光秀も客観的に立会人をつとめられる立場にあった。

当初、信長が義昭の将軍補任を見届けてすぐさま岐阜へ帰ったことを考えると、ある程度まで幕政は義昭に任せるつもりだったのだろう。ところが義昭は信長の許容範囲をこえて将軍の権限をふるうようになった。近臣として義昭に仕える光秀には、危うく映ったにちがいない。明敏な資質の光秀が義昭に見切りをつけるのも無理からぬところだろう。

翌年一二月ごろの史料とされる光秀の自筆書状には「御暇《おいとま》申し上げ候」というくだりがある。書状の宛先がやはり義昭近臣の曾我助乗《そがすけのり》であったことから、光秀の〝退職願い〟であったといわれている。こうして光秀は元亀二年（一五七一）の暮れ、両属関係を解消し、名実ともに信長の家臣となったのである。

コラム

「金ヶ崎の退き口」で光秀は秀吉と決死の〝しんがり〟をつとめた？

年の初めに織田信長が足利義昭へ五ヶ条の条書（掟書）をつきつけた永禄一三年は四月に改元され、元亀元年（一五七〇）となる。その年は信長にとって苦難の年となった。

その皮切りが「金ヶ崎の退き口《の》」だった。越前の朝倉義景を攻めようと敦賀まで来た信長に、浅井長政裏切りの情報がもたらされる。妹お市の方を長政に嫁がせて同盟を結んでいただけに信長は大きなショックを受ける。だが、そこからの対応は早かった。このままでは朝倉・浅井勢に挟撃されかねないと踏んだ信長は、殿《しんがり》を木下藤吉郎秀吉に任せ、疾風のごとく京へ逃げ帰った。

一方、秀吉にとってもこの退却戦は大博打だった。NHK大河ドラマ『国盗り物語』（一九七三年放送）では、光秀（近藤正臣）はいったん退却するものの、秀吉（火野正平）を見捨てられず、鉄砲隊を率いて秀吉に与力する展開になっていた。のちに山崎の合戦で天下を分ける両雄が揃って虎口《ここう》をしのごうとするシーンが筆者の記憶に焼きついている。

史実はどうなのだろう。この退き口の一戦は秀吉の奮戦ばかりが注目され、光秀の活躍はほとんど無視されてきた。

ところが、将軍近臣の一色藤長の書状には、金ケ崎で殿をつとめた武将の名が記載され、「木藤（木下藤吉郎）」のほか、「明十」「池筑」その他とある。「池筑」は摂津衆で池田城主の池田勝正、「明十」が明智十兵衛光秀である。この退却戦では秀吉の奮戦もさることながら、光秀と池田勝正の采配《さいはい》も評価されるべきだろう。

金ヶ崎城址

謎36 光秀は姉川の合戦・志賀の陣で活躍したか？

「金ヶ崎の退き口」を逃れた信長は京へもどった後も、幾度となく窮地に見舞われる。ここから比叡山の焼き討ちにいたる間、「第一次信長包囲網」が築かれていた。ここでは、信長の苦闘の歴史を中心に、そのとき光秀がどんな役割を担っていたのかをみていこう。

まず信長は浅井長政の裏切りによって、当時の居城である岐阜城への「道」を鎖《とざ》されてしまった。長政の居城小谷城（長浜市）の城下には北国脇往還《ほっこくわきおうかん》が通り、関ヶ原で東山道《とうさんどう》と合流して岐阜へと通じている。その街道を通れないので信長は、京から鈴鹿山中の千草《ちぐさ》越えで岐阜へ帰国しようとした。

その信長の一団が鈴鹿山中の谷川沿いの道にさしかかったとき、杉谷善住坊《すぎたにぜんじゅぼう》という鉄砲の名手が二〇数メートルの至近距離で二発、銃弾を発射した。鉄砲の名手が外すはずがない距離だった。ところが、このスナイパーの発した銃弾二発は、信長の体を少しかすめただけで、鰐《わに》の口《くち》（危険な状況）を逃れられたという（『信長公記』）。信長の生涯はいくつかの幸運に恵まれているが、これがある意味、最大の幸運といえる。善住坊の正体は、紀州根来寺《ねごろじ》の僧兵といわれる。当時、根来寺の僧兵は鉄砲の鍛錬怠《おこた》りなく、いまでいう傭兵《ようへい》として諸国の大名に買われていた。善住坊の雇い主は、信長に居城の観音寺城（近江八幡市）を追われた六角承禎ではなかったろうか。

長政の裏切りによる退却戦と鈴鹿山中で二度までも危うく命を落としかけた信長にしたら、なんとしても小谷城を攻め落とさなければならなかった。そこで元亀元年（一五七〇）六月、大軍で小谷城を包囲する。しかし、小谷城は難攻不落の城。信長は城攻めをあきらめ、野戦で勝負を決しようとした。

信長は木下藤吉郎秀吉らに命じて小谷城下を放火してまわらせ、浅井勢を挑発する。そして、籠城していた長政と援軍の朝倉勢を姉川《あねがわ》の北岸へ誘いだすことに成功した。合戦場は北国往還道が姉川を渡る付近だ。南岸に終結した織田勢は二万九〇〇〇。『信長公記』を読むと、合戦は、徳川家康の援軍をえた織田方の勝利のように書かれているが、長政は五〇〇〇の兵しか出しておらず、野戦で一気に勝負を決しようとした信長の目論見は大きく外れた。

姉川の古戦場跡

ところで、『明智軍記』によると、信長は布陣を一三陣に分け、佐久間信盛隊につづく八番隊に「明智十兵衛」の名がある。また、光秀が柴田勝家と先陣（一番隊）を争ったともいわれるが、事実ではない。信頼できる公家の日記（『言継《ときつぐ》卿記』）を読むと、合戦後、京へもどった信長が日記の作者である山科言継に合戦の模様を語り、その次に明智十兵衛のところへ行って、戦況を告げたと解釈できる。光秀が義昭へ〝退職願い〟を出すのは翌年暮れの話であり（前項参照）、このときにはまだ両属の関係にあった。よって光秀は「金ヶ崎の退き口」で虎口をしのいだ後、義昭の近臣として京に残り、残念ながら有名な姉川の合戦には参加しなかったとみるべきだ。

ただし、光秀は五月九日付で義昭の近臣・曾我助乗へ宛て「今日出陣つかまつり候」と書状を送っている。この解釈をどうするかだが、光秀が浅井・朝倉との決戦で何らかの軍事的役割を担っていたのは事実としても、これだけでは姉川出陣と判断することはできない。

いずれにせよ、こうして浅井勢が姉川の合戦で余力を残したことによって、信長はさらなる苦難の道を歩むことになる。同じ年の八月末、信長に抵抗する三好三人衆が大坂の野田・福島城（大阪市福島区）を拠点に蜂起《ほうき》した。信長はすかさず摂津入りし、両城へ猛攻を加えたが、九月に入って新たな敵が現われた。城砦化した大坂御坊（のちの大坂城）に拠《よ》る本願寺衆だ。三好三人衆と浅井・朝倉勢のみならず、本願寺までが信長包囲網に加わり、信長は大坂から動けなくなった。この隙に乗じ、余力を残していた浅井・朝倉勢は三万の大軍で南近江の志賀《しが》郡へ進軍した。そこには信長が築いた宇佐山《うさやま》城（大津市）があり、森可成《よしなり》（森蘭丸の父）が城主についていた。本願寺の挙兵は浅井・朝倉勢と連携した動きだったのである。

結局、この「志賀の陣」と呼ばれる合戦では、可成どころか、信長の弟信治《のぶはる》までが戦死し、浅井・朝倉勢は南近江から京を狙う姿勢をみせた。信長はこの近江の敵を優先し、九月二三日、大坂からの撤退を決意する。しかし、その信長の前に荒れ狂う江口川（大阪市東淀川区）が立ちはだかった。本願寺の一揆勢らによって渡し船が撤去され、織田軍は一歩も前へ進めない。殿《しんがり》を和田惟政・柴田勝家の両将に命じているとはいえ、三好勢に背後を襲われる危険があった。ふたたび、信長に危機が迫っていたのである。そのとき信長の冷静な分析力が的確な判断を下す。信長はなんとか渡河しやすい地点を探し出し、全軍に渡河命令を下し、成功する。ただし、その翌日にはとて

明智光秀の関連図

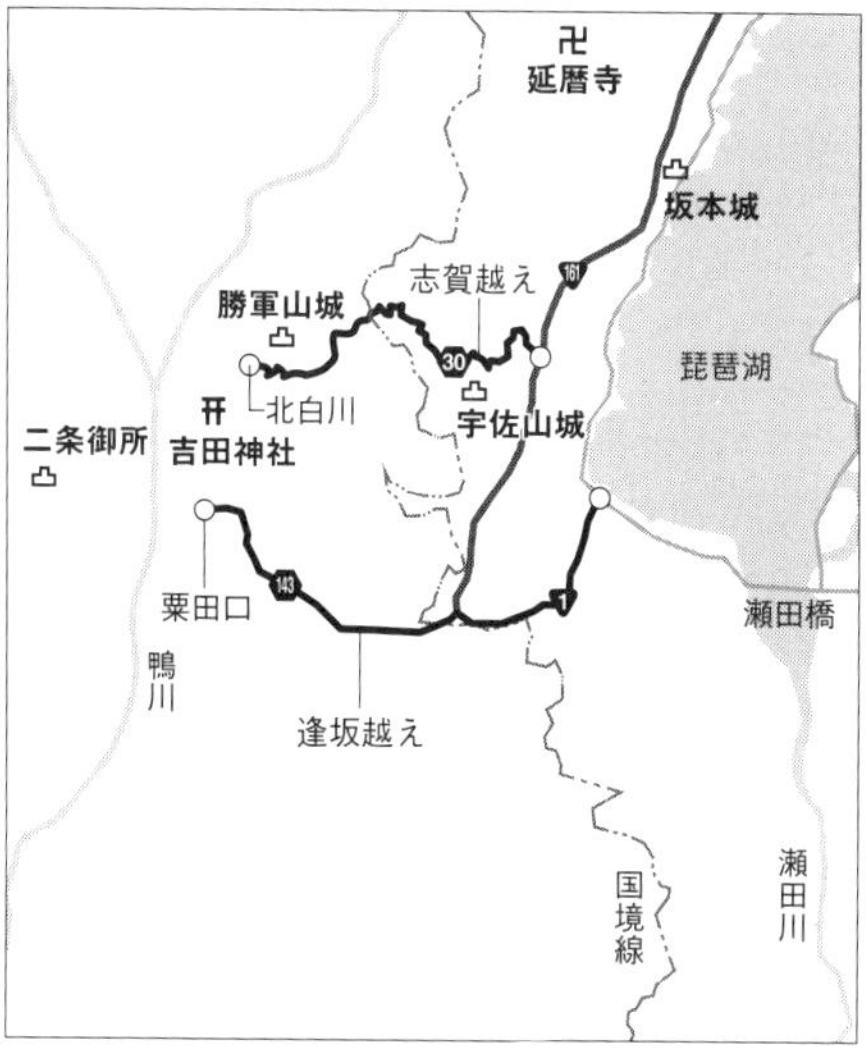

も渡れないほどの水かさになり、江口付近の人々は「奇特不思議の思ひをなす事なり」（『信長公記』）といって、みな驚いたという。

こうして危機を逃れ、京まで引き上げた信長はすでに宿舎にしていた本能寺で夜を明かし、二四日、すぐさま京を発して下坂本（大津市）に陣を張った。

これで南近江における織田勢と浅井・朝倉勢との形勢は逆転するかにみえたが、浅井・朝倉勢は山叡山へ逃げこんでしまう。信長にしたら、敵は卑怯《ひきょう》にも自身の留守を狙って京近くまで攻めこみ、そのため危うく命を落としかけたのみならず、信頼する家臣（可成）と弟の命を奪った仇敵。憎んでも憎みきれない信長は、山上に逃げこんだ彼らの糧道を断ち、「干殺し」にしようとした。ところが、比叡山延暦寺が浅井・朝倉勢を庇護したのである。

しかも信長には、できるだけ早く浅井・朝倉勢を討たなければならない事情があった。三好三人衆が福島・野田両城の備えをより強固にし、本願寺門主の顕如《けんにょ》は、近江の門徒《もんと》（一向宗徒の国衆・地侍ら）に「無沙汰《ぶさた》の輩《ともがら》は長く門徒たるべからざる」、つまり、信長を討たなければ破門すると一揆を煽動していた。さらに、甲賀に逃れていた例の六角承禎までが兵を挙げた。

大津の信長の周囲はいわば敵だらけ。これではいくら軍勢があっても足らない。そこで信長は何とか各勢力を個別撃破しようと考えた。そのため、最大勢力といえる浅井・朝倉勢を支援する比叡山に対して、横領した山門領（延暦寺の荘園）をすべて還付すると、まずは〝アメ〟

で誘う。次いでこの申し出を断ったら、比叡山山上の根本中堂《こんぽん》はじめ、三塔（東塔《とうどう》・西塔《さいとう》・横川《よかわ》）の堂塔すべてを「焼き払はる」（『信長公記』）と、〝ムチ〟で脅した。しかし、比叡山はこの申し出を無視したのである。

そこで信長は苦しまぎれに朝倉義景へ使者を送り、「一戦をもって相果さるべく候」、つまり、ここそこ隠れてないで正々堂々、勝負してもらえないかと懇願するほどだった。このように同年一〇月は、まさしく信長の畿内支配がつづくかどうかの瀬戸際だったといえる。

そこで信長は、越前の朝倉が雪に閉ざされて動けなくなるころを見計らい、関白二条晴良《はるよし》や将軍足利義昭を通じて浅井・朝倉勢と和睦に持ちこんだ。このころはまだ信長と義昭は完全に決裂するに至らず、信長にとっても、義昭にまだ利用価値が残されていたのだ。この「志賀の陣」に光秀が関係しているのは事実だ。信長は大津に陣した翌日の二五日、坂本の穴太《あのう》に要害《ようがい》を構えるよう家臣に命じ、その一六将の一人に光秀の名がある（『信長公記』）。光秀はそのころ京の守備にあたっていたと考えられるが、信長の命で志賀の陣に駆りだされたのである。

その後、光秀が比叡山西麓にあたる瓜生山《うりゅうやま》の勝軍山城《しょうぐんやま》に入っていることが『兼見卿記《かねみきょうき》』によって確認できる。勝軍山城は京都市左京区北白川にあって、後述する志賀越え道の京都の出入口付近に位置し、洛中からの距離もさほどではない。光秀が勝軍山城に入った後も、吉田神社（京都市左京区）の神官である吉田兼見のもとを訪ね、石風呂を所望したことが記されている。

何やら、戦陣をよそに光秀だけが京の東郊の城でのんきに過ごしているようにもみえる。つまり、将軍家と織田家の両属だった時代、光秀は信長から義昭の監視役の使命を与えられ、軍事的に大きな役割は担っていなかったのであろう。

ただし、『明智軍記』によると、志賀の陣で光秀は戦功よりよほど大きな役割を果たしたことになっている。信長は光秀と朝倉義景との旧縁を頼り、光秀に義景との和議を命じたとする。光秀は重臣の明智左馬之助らを越前へ送った。その和平交渉は難航するものの、結局、義景は衆議によって、不承不承ながら織田方との和議に応じるのだ。この交渉をうけ、信長は右大臣菊亭晴季《きくていはるすえ》を通じて朝廷へ和平を奏聞したという。

既述のとおり、義昭が動いて和議が成立するのは事実だが、この『明智軍記』のくだりをそのまま信じるわけにはいかない。とはいうものの、まったく根も葉もない嘘っぱちだともいえない。まず光秀が洛中に近い勝軍山城にいたこと。地理的にみて、前線の大津と洛中を結ぶ中継点にある城であり、光秀が後に朝廷のフィクサーといわれる吉田兼見のもとを訪れていること。光秀はただのんきに石風呂に浸かりに兼見のもとを訪ねたのではないだろう。また、逆に兼見も光秀の勝軍山城を訪ねている。戦陣ではなばなしい活躍をみせなかったものの、光秀が浅井・朝倉勢との講和に関係して、義昭や朝廷への工作に奔走し、信長の窮地を救って、さらなる信頼をえていったのではなかろうか。

謎37 光秀は信長より「残忍」だった？

信長は、関白二条晴良や将軍足利義昭を通じて浅井・朝倉勢と和睦にもちこんだ。当面の窮地はしのげたものの、申し出を蹴って信長をどん底に陥れた比叡山延暦寺への恨みは残った。

そして翌元亀二年（一五七一）九月、信長はその比叡山を攻めた。いわゆる比叡山焼き討ちだ。『信長公記』によると、織田勢は全山ことごとく焼き払い、「僧俗・児童・智者・上人」の別なく、全員首を刎《は》ね、「数千の屍《しかばね》」をさらすことになったという。つまり、信長は女や子どもまで殺したのである。僧兵たちは仕方なかったとしても、家臣らが「この者らはどうかお助け下され」と申し上げても信長は聞く耳をもたず、一人ずつ首を刎ね、目もあてられぬ有様だったという。そのうえ、織田勢は什宝《じゅうほう》類まで略奪した。

通説は、この降魔《ごうま》の所業が光秀に本能寺で信長を討たせた動機のひとつになったといい、『明智軍記』にも、焼き打ち事件から本能寺の変にいたるまで光秀は、延暦寺の僧侶に「憐愍《れんびん》」の情を抱きつづけていたとある。

しかし信長にしたら、事前に「焼き打ちする」と通告していたことに加えて、相手は遺恨の残る相手。後世の悪評のほうこそ、理解できないのではないだろうか。もちろん什宝類を略奪し、女や子どもまで殺したのはいただけないが、信長には信長なりに比叡山を攻める大義名分があったことになろう。しかも、信長は全山ことごとく焼き払おうとしたのではなく、中心となる堂舎に限定したものだった事実も浮上している。懲罰的な動機にもとづく信長の行動原理からみても、正しい解釈といえる。

それでは、『明智軍記』にあるように、この比叡山焼き討ちが光秀の叛意をかきたてる要因だったのだろうか。「志賀の陣」が和議によって終止符が打たれた後の光秀の行動をみていこう。

光秀はまず、焼き討ちの年である元亀二年に入ると、「志賀の陣」で討ち死にした森可成に代わり、宇佐山城（大津市）の守将についていた。二月から光秀は宇佐山城の改修に乗り出したらしく、吉田神社の神官である吉田兼見に人足派遣のお願いをしている。信長は宇佐山城で光秀に比叡山麓の土豪の懐柔をおこなわせていたのである。

光秀はその信長の命を忠実に実行した。雄琴《おごと》温泉（大津市）で有名な雄琴の土豪和田秀純《ひでずみ》の懐柔には成功したものの、そこから二キロほど比叡山のふもとに入った仰木《おおぎ》の土豪は懐柔に応じなかった。そこで光秀は焼き打ちの一〇日前にしたためた手紙で、

「仰木の事は是非ともなでぎり（撫《な》で斬り）に仕《つかまつ》るべく候。やがて本意たるべく候」

という決意を和田秀純に述べている。信長が降魔なら、山麓《さんろく》の村の住民を撫で斬り（皆殺し）

にするといった光秀もまたしかり。信長の非情を責めるどころか、光秀自身、狂気の片棒を担いでいたのである。

光秀はこのように焼き討ちの準備段階から信長の命令を忠実におこなう意思をみせている。本番でも当然、光秀は中心的な役割を担っていた。そのことは、のちに山城国愛宕郡と近江国志賀郡の比叡山領が恩賞として与えられていることから明らかだ。

そして、その年の暮れ、光秀は将軍足利義昭と決別している。光秀が焼き討ちに反発するどころか、その恩賞に与《あず》かってますます信長との関係を密にするため、主君を信長一人と決めているのである。

比叡山延暦寺

同じころ光秀は坂本城の築城をはじめ、翌元亀三年（一五七二）の一二月にはほぼ完成している。これまで光秀は勝軍山城の城代や宇佐山城の守将に就いているが、坂本城は所領付きの城である。光秀はいわゆる城持ち大名になったのである。信長に仕えてほぼ四年半というスピード出世だった。光秀の生年を享禄《きょうろく》元年（一五二八）だとすると、このとき四〇代半ばのまだまだ働き盛り。

しかし、譜代衆を飛び越え、光秀が城持ち大名になったことで、織田家内部での風当たりは厳しくなったものと思われる。

謎38

同僚に嫌われていたというのは本当か

一気に城持ちとなった光秀。そうなると、気になるのは同僚の評判だ。当然、妬《ねた》みや嫉《そね》みはあっただろう。光秀のライバル木下藤吉郎秀吉の場合、独特の処世術でうまく同僚の嫉妬をかわしていたイメージがあるが、光秀はどうだっただろうか。武将としての素質や人となりを含めて、光秀がどんなタイプの人だったのかをみてみよう。

まず、南蛮人宣教師ルイス・フロイスがイエズス会の総長へ宛てた次のような一文がある。

「信長の政庁に、名を明智といい、元は低い身分の人物がいた。すなわち、卑しい家柄の出であり、信長の治世の当初、或る貴族（足利義昭）に仕えていたが、巧妙で如才なく鋭敏なところからたいそう重んじられるようになった。彼は諸人から嫌われ、裏切りを好み、残虐な処罰をおこなう非道者であり、人を欺き狡猾な戦術を弄することに長け、気質は勇猛、築城術に精通していた」（カッコ内は筆者）

光秀の娘お玉（ガラシャ）は敬虔《けいけん》なキリシタンだったものの、光秀はどちらかというとキリシタンに冷淡だったといわれる。したがって宣教師の「光秀評」が厳しくなるのも無理はない。

「巧妙で如才なく鋭敏」「勇猛」「築城術に長けていた」というのは戦国武将としてはプラスの評価だ。「人を欺き狡猾《こうかつ》な戦術を弄《ろう》する」という部分も現代なら悪口になるだろうが、戦国時代はそのくらいでないと生き残れない。

この一文は本能寺の変の五ヶ月後に送られたものだから、「裏切りを好み」という部分もうなずける。光秀は義昭の側近になるまで重用されながらも、あっさり見捨てているから、それも「裏切り」のうちに入るかもしれない。また、「残虐な処罰をおこなう非道者」という部分は比叡山の焼き討ちに際し、光秀が撫で斬りにしたことで明らかだ。問題は、なぜ光秀は「諸人から嫌われ」ていたのだろうか。

それは、やはりフロイスが書き残した『日本史』の次のくだりを参考にしたい。フロイスは光秀と上司の信長との関係をこうみていた。

「殿内にあっては余所者《よそもの》であり、外来の身であったので、ほとんどすべての者から快く思われていなかったが、自らが（受けている）寵愛を保持し増大するための不思議な器用さを身に備えていた。（中略）誰にも増して、絶えず信長に贈与することを怠らず、その親愛を得るためには、彼を喜ばせることは万事につけて調べているほどであり、彼の嗜好《しこう》や希望に関していささかもこれに逆らうことがないよう心掛け、彼の働きぶりに同情する信長の前や、一部の者がその奉仕に不熱心であるのを目撃して、自らは（そうでないと装う）必要がある場合などは涙を

光秀「人脈図」

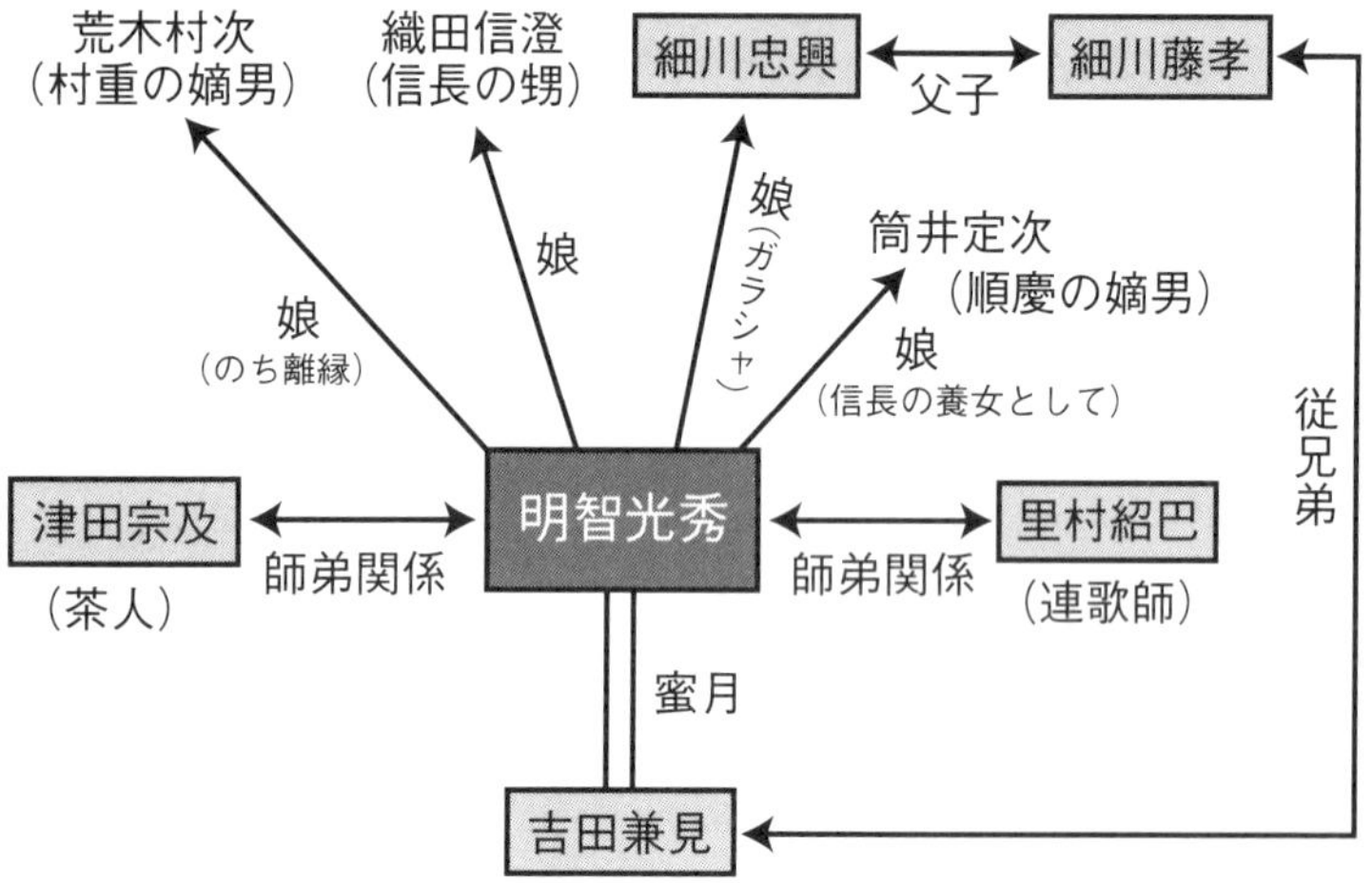

流し、それは本心からの涙に見えるほどであった」

いまでいうなら、上司におべっかを使い、贈り物を欠かさず、ご機嫌を取る。場合によっては、いかに自分が忠実な部下であるか、そのことを強調するためウソ泣きまでしてみせる。そうやって出世街道をのぼりつめていくわけだから、嫌われる同僚の典型といえる。

フロイスの評価のみを信じるわけではないが、山崎の合戦の敗因を考えるとき、やはり光秀の「人望」も大きく影響していたのではないかと思ってしまう。

謎39 光秀の「マブダチ」は誰？光秀の「人脈」の謎

織田家の同僚との関係はどうもギクシャクしていたようだが、光秀の交友関係はどうだったのだろうか。

まず思い浮かぶのは、娘のお玉（後のガラシャ夫人）を嫡男の妻に嫁がせた細川藤孝。足利義昭を将軍職に就けるため奔走した同志でもある。その藤孝も光秀に少し遅れて義昭と決別し、織田信長の家臣となる。光秀にとって親戚であり、かつ光秀の組下（与力）として本願寺戦争、丹波や信貴山《しぎさん》城（奈良県平群《へぐり》町）攻略で苦労をわかちあった関係でもある。ところが、本能寺の変では、その藤孝の支持をえられなかった。

光秀は細川家のほかにも、有力な武将（織田信澄、荒木村次、筒井定次）へ娘を嫁がせている。もちろん、信長の指示によるものだが、光秀にとってもそれは、人脈を広げる恰好《かっこう》の機会であった。

藤孝はのちに丹後を与えられ、やはり光秀の与力となる荒木村重は摂津。西近江・丹波の光秀とともに光秀・藤孝・村重は、織田家の「近畿衆」を代表する三人だ。また、大和の筒井順慶も光秀の与力となる。

以上、光秀に付された与力衆三人のうち、ここでは筒井順慶の詳細を紹介しておきたい。

天文二〇年（一五五一）、筒井城（大和郡山市）の城主だった父・順昭が病死したため、順慶はその跡をわずか二歳で継いだ。このとき筒井家では、順昭にそっくりな盲目の法師（木阿弥）を探し出し、影武者をつとめさせたという。やがて順昭の死を公表した筒井家にとって木阿弥は必要なくなり、彼は「元の木阿弥」にもどったという故事が語られている。

順昭の時代にほぼ大和国全土を掌握しかけていた筒井家も、その死によって政情が不安定になったのは事実だ。しかも、戦国の梟雄と呼ばれる松永久秀が大和侵攻の機会を狙っていた。

順昭の死の一四年後、信貴山城に居城していた久秀によって順慶は筒井城を奪われる。その後、順慶は城を奪い返すものの、永禄一一年（一五六八）、織田信長が足利義昭をともなって上洛すると、久秀は名物茶器の「九十九茄子《つくもなす》」を献じて信長を懐柔する。こうして筒井城はまたもや、信長からの援軍をえた久秀の手に帰してしまう。天正二年（一五七四）ごろ、順慶も信長に従い、仇敵の久秀と和睦した。すでに筒井城を取りもどしていた順慶は天正四年（一五七六）、信長に反旗を翻して滅ぼされた久秀に代わって大和の支配を許される。信長の命で筒井城を破却し、改築した郡山城に移り住むことになる。本能寺の変が勃発すると、順慶がいったん光秀に与する姿勢をみせたことから、光秀は洞ヶ峠《ほらがとうげ》（京都府と大阪府の境の峠）で筒井勢を待ったも

の の、待てど暮らせど順慶は現れなかった。

こうみてくると、光秀は縁戚にも恵まれなかったことがわかる。

このほか、連歌や茶の湯を嗜《たしな》んでいた光秀は、著名な連歌師の里村紹巴《じょうは》、堺の商人で茶人の津田宗及《そうぎゅう》（天王寺屋）との交友があった。

ただし、以上の面々と親しくしていたのは事実ながら、光秀が心を許し合う親友、すなわち「マブダチ」といえるような関係ではない。光秀にマブダチはいなかったのか。それらしき人物はいる。吉田兼見である。

京の吉田神社の神官で朝廷の神祇官《じんぎかん》。官位は従二位《じゅにい》。成り上がり者のイメージがある人物だ。それはひとえに信長が彼を朝廷との連絡役に重用したからだった。細川藤孝とは従兄弟の関係にあり、そのことが兼見を京都政局の裏方として歴史の表舞台へ登場させることになった。光秀との交友も藤孝を通じてと考えられるが、信長が上洛したころより、光秀と兼見は親しい関係だったようだ。

兼見は元亀元年（一五七〇）から文禄元年（一五九二）まで『兼見卿記』という日記をつけていたおかげでわれわれは、その間の信長や豊臣秀吉の動静を詳しく知ることができる。その『兼見卿記』に光秀が頻繁に登場する。光秀が初めて『兼見卿記』に登場するのは元亀元年一一月三日のこと。光秀が「志賀の乱」に備え、勝軍山城にこもっていたときだ。既述のとおり、そ

明智風呂のある妙心寺浴室

のときの光秀の使命は足利義昭や朝廷の工作だったと考えられるが、光秀が「石風呂を所望した」として兼見の日記に初登場する。その一〇日後にも光秀は吉田神社まで石風呂を借りに来ている。石風呂というのは蒸し風呂。いわばサウナ。

余談だが、光秀はサウナ好きだったようだ。京の妙心寺に「明智風呂」と称す湯屋《ゆや》が残っている。妙心寺といえば、光秀が側室に産ませたとされる僧玄琳ゆかりの寺。光秀の縁者が山崎の合戦後、光秀の菩提を弔うために建てたと伝わり、実際に本人が使ったわけではない。だが、菩提を弔うために建てたくらいだから、生前、蒸し風呂に好んで入っていたのだろう。

本能寺の変の年（一五八二）になると、

光秀と兼見の蜜月ぶりが際立ってくる。とくに光秀が信長父子を討った後、兼見は「予（わたしは）、粟田口あたりへ馬に乗って罷り出で、惟日《い》（惟任日向守＝すなわち光秀）と対面」したと日記に書いている。馬に乗ってわざわざ粟田口まで、近江へ意気揚々と引き上げる光秀を追いかけているのである。さらに明智勢が接収した安土城（近江八幡市）へ勅使として光秀を訪ね、その後上洛した光秀は兼見の邸に立ち寄っている。そこへ例の連歌師紹巴も呼び、兼見邸で夕食をともにする。しかも光秀は兼見を通じて誠仁《さねひと》親王（正親町《おおぎまち》天皇の皇子）に銀五〇〇枚、京都五山（天竜寺・相国寺・建仁寺・東福寺・万寿寺）と大徳寺の禅宗寺院に銀百枚ずつ、兼見にも銀五〇枚を献じている。

兼見は、近江へ凱旋する光秀を追いかけたとする日記のくだりをのちに書き直しているが、訂正前の『兼見卿記』は「別本」として現存したことによって、こうした光秀との蜜月ぶりを知ることができる。いや、蜜月というより、怪しいといったほうがいいかもしれない。本能寺の変で兼見が重要な役目を果たすのはみてきたとおりだ。

兼見こそ、光秀の「マブダチ」といえるだろう。

謎40 水城だった坂本城の謎

光秀は、比叡山延暦寺焼き討ちの功によって延暦寺の旧領の一部を与えられ、延暦寺の監視の意味を含めて、比叡山のふもとにある坂本に築城し、元亀三年（一五七二）の一二月にはほぼ完成している。例の吉田兼見（光秀と昵懇な吉田神社神官）がそのころに普請の見学にやって来て、城中をことごとく回り、驚目《きょうもく》したと『兼見卿記』に書いている。兼見は何に驚いたのだろうか。それは「天主（天守）」の存在だったろう。のちに織田信長は安土に地下一階・地上六階建ての壮麗な天守閣を築くが、その前に光秀は天守閣のある城をもっていたのだ。

しかし、その坂本城は天正一〇年（一五八二）六月、山崎での敗戦を知った籠城衆がみずから火を放つ。直後に再建されて丹羽長秀がいったん城主として入るものの、新たに大津に城が築かれると、天正一四年（一五八六）、坂本城は廃城となった。いまでは遺構の一部が西教寺や聖衆来迎寺《しょうじゅらいこうじ》などに移築されて残るのみだ。坂本城の部材の多くを使って築城された大津城も、いまでは石垣の一部を残すだけとなっている。

それでは当時の坂本城はどんな城だったのか。現在は、国道一六一号線から琵琶湖側へ突き

坂本城周辺図

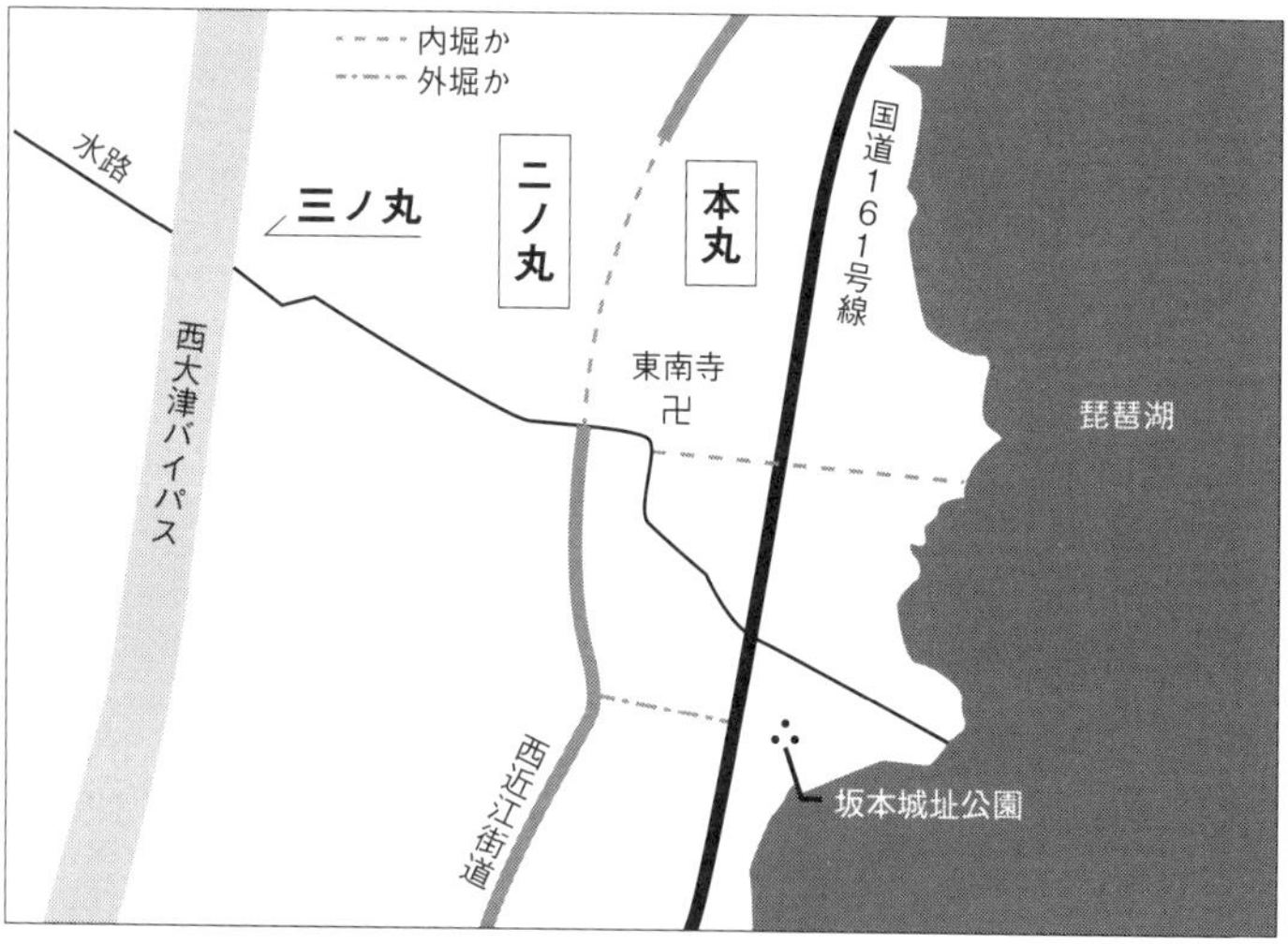

出した一画に「坂本城址公園」として整備された広場に光秀公の石像などがあるだけだ（地図参照）。江戸時代にもいまと同じ状況だったらしく、江戸時代半ばの地誌によると、東南寺のあたりを坂本城の本丸跡と比定している。比叡山延暦寺の東南にあったから東南寺と呼ばれるが、江戸時代の初めにいまの場所へ移転してきた。

坂本城は、琵琶湖に面した本丸を取り囲むように内堀、中堀、外堀の三重の堀をめぐらせて二の丸と三の丸をもうけ、三重の堀はすべて琵琶湖に直結していたという（中井均著「光秀の城」『歴史読本』二〇一四年六月号）。三重の堀は、琵琶湖へ向かってそれぞれコの字型に口を開いていたようだ。平成六年（一九九六）に「琵琶湖大渇水」が起きた際、琵琶湖の水が干上がり、旧坂本城の石垣の一部が湖面に姿を現した。坂本城は湖水で石垣を洗う水城だったのである。

筆者はかつて、坂本城址公園近くの食堂で天守閣がそびえる本丸の復元図をみせてもらったことがある。湖に面した城門が琵琶湖へ向かって開閉し、そこから兵の乗った船が本丸内の船溜まり（船着き場）と湖面とを自由に出入りする光景が描かれている。まさに、〝水の城〟である坂本城のありし日の姿を偲《しの》べるイラストだった。

事実、坂本城で開かれた茶会に出席した津田宗及は茶会終了後、「御座船を城の内より乗り候」（『天王寺屋会記』）と記し、城の中の船溜まりから御座船のような大きな船も出入りしていたことがわかる。ちなみに、宗及はそのあと信長の安土城へ向かい、信長が佐和山城や安土城から何度も湖を渡って坂本城へ入っていることを考えると、御座船というのは、信長の自家用船だったのかもしれない。その御座船は水城である坂本に留め置かれ、光秀の配下の者がその信長の自家用船を運航、つまり信長のために湖東（佐和山・安土方面）と湖西の坂本城との間の送迎えを担っていたのではないだろうか。

将軍足利義昭が信長に反発して挙兵した際、配下の者に湖岸集落である堅田（大津市）に砦を築かせたが、『信長公記』には、「明智十兵衛、囲い船を拵え、海手の方を東より西に向って攻められ候」とある。光秀は船のデッキに遮蔽物をもうけた囲い船で、水上から堅田砦を攻めている。光秀は水軍の将でもあったのである。

謎41 旧主「将軍義昭」を討つ！室町幕府滅亡の謎

鎌倉幕府は元弘三年（一三三三）に滅亡し、江戸幕府は慶応三年（一八六八）の王政復古のクーデターでその歴史に終止符が打たれた。それではいつ室町幕府は滅亡したのか。高校の教科書によると、将軍足利義昭が将軍権力の回復を図るものの、元亀四年（一五七三）、織田信長がその義昭を京都から追放したときをもって幕府滅亡としている。しかし、義昭の追放後も引きつづき幕府は余命を保ちつづけた。義昭と信長の対立が激しくなる元亀三年以降の義昭・信長・光秀三者の動きをたどってみたい。

また、このとき浅井・朝倉勢や本願寺のみならず、松永久秀や武田信玄も反織田陣営へ加わり、義昭が裏で画策する「第二次信長包囲網」が敷かれたと一般的には理解されているが、信玄の場合、結果として義昭の包囲網に加わったようにみえるだけだと考えている。このとき、本能寺の変で朝廷が光秀の背中を押したように、逡巡する信玄を「反信長」へ踏み切らせたのはやはり、朝廷であった。

それではまず、信長上洛の際に名物茶器の「九十九茄子」を差し出して恭順した大和の松永久秀の動きからみていこう。信長から離反した久秀は河内守護畠山昭高《はたけやまあきたか》方の交野《かたの》城（大阪府交野市）を囲んだものの、織田勢が大軍にて救援に駆けつけるや、久秀が信貴山城、嫡男の久通《ひさみち》が多聞山城（同奈良市）とそれぞれの居城へ籠城した。『信長公記』に「五畿内衆」が「後詰」したとあり、光秀の明智勢も両城を攻める織田勢を後詰していた。

すると同年九月、武田信玄が重臣の山県昌景らを徳川家康の領国三河へ侵攻させ、一〇月にはみずからも甲府を発った。一二月に信玄は遠江の浜松近郊の三方ヶ原《みかたがはら》で家康を敗走させ、三河へ入る。その間、信長は七月に嫡男信忠の初陣を兼ねて北近江へ進出し、ふたたび戦端を開いていた浅井長政の攻略に手間どっている。

そうこうするうちネットワークの中心だった義昭自身が挙兵する。実権は信長に握られているとはいえ、義昭は将軍なのだから、表現的にはどうかと思うが、『信長公記』は「公方様（義昭）御謀叛」と記している。年が明けた元亀四年正月ごろから義昭は、二条御所と上京の街の防備を固め、石山や堅田に人数を入れて砦をもうけた。既述のとおり、この堅田砦は坂本城の明智水軍らによって攻められている。

事態を重くみた信長は三月二五日に岐阜を発って二九日に逢坂《おうさか》に着き、そこで荒木村重と細川藤孝の出迎えを受け、東山の知恩院に着陣した。四月四日、信長は防備のために築かれていた「御構え」をやぶり、上京の街に放火した。この恫喝《どうかつ》が効き、正親町天皇の調停で義昭と信長はいったん和解した。

だがこれで終わらなかった。信長は、相変わらずレジスタンス運動をつづける六角承禎に味方した百済寺《ひゃくさいじ》（東近江市）を焼き討ちにして岐阜へもどったが、義昭は京の二条御所を近臣に預けるや、その年の七月五日に山城宇治の槇島城《まきしまじょう》へ籠城した。こうして義昭自身がついに挙兵したのである。

だが、四月一二日に信玄は三河で病没していた。武田はその死を秘匿していたから、義昭は信玄の死を知らなかったのだろうか。

義昭がこもった槇島城は宇治川や巨椋池《おぐらいけ》に囲まれた要害の城である。しかし、信長の疾風怒濤《しっぷうどとう》の攻撃にひとたまりもなかった。その攻め手の中に、佐久間右衛門（信盛）、丹羽五郎左衛門（長秀）、柴田修理亮《しゅうりのすけ》（勝家）、羽柴筑前守（秀吉）、蜂屋兵庫頭《はちやひょうごのかみ》（頼隆）につづいて「明智十兵衛」の名がある（『信長公記』）。佐久間から羽柴まではのちに唄に歌われる「織田家四将」。蜂屋頼隆は土岐一族で美濃出身ともいわれ、光秀より早く信長に仕え、その信任も厚かった。

いずれにせよ、光秀は旧主の将軍義昭の討手に、織田の重臣として加わっていたのである。もちろん、このとき光秀がどんな思いだったかについて史料は何も語らない。

義昭は七月一八日に降伏。城を退去することになった。その際、『兼見卿記』によると、落ち行く途次、一行は一揆に襲われ、義昭が所持していた「御物《ぎょぶつ》」（天皇・将軍などの私有物）などを奪われたという。やがて義昭は妹婿・三好義継の居城河内国若江城（東大阪市）で匿われるが、将軍ともあろう者が追いはぎの被害にあうのだから、その権威も地に落ちたものだ。ちなみに、義昭を匿った三好義継は長慶の養子。信長の上洛時に松永久秀とともに信長に従ったが、義昭に応じて信長に叛《そむ》き、やがて佐久間信盛らに攻められて若江城で自殺する。

一方、信長は京へ凱旋《がいせん》し、朝廷へ願い出て、七月二八日に元亀四年は天正元年と改元された。将軍を京から追い出したいまこそ、天下を一新するという信長の意気込みのあらわれであった。幕府に仕えた奉行・奉公衆の多くは京にとどまり、信長の扶持を受けるようになった。そして、信長は権勢をきわめる。

したがって、このときをもって室町幕府が滅亡したようにみえる。しかし、信長が義昭を京から追い出した半年後、奥州の伊達輝宗（政宗の父）に書状をしたため、すべては「公儀（義昭）を妨げる妄人《ねいじん》」らによって義昭が「御逆心を企てられ候」結果だとしている。義昭追放後も、信長自身、「公儀」と呼び、公権力としてのその存在を認めざるをえなかったのである。

しかも、公権力である義昭の後ろ盾を失った信長の支配がおよぶのは、その領国（美濃・尾張）や畿内周辺のみ。たとえば、四国の長曾我部元親に対して信長は、土佐一国と阿波半国に封じこめると命じたが、むろん、元親は反発。「四国の御儀は某（元親のこと）が手柄をもって切取り申す事に候。更に信長卿の御恩たるべき儀にあらず」（『元親記』）といった。自分が斬り従えた四国を信長に返上しろと命じられる覚えはないというのだ。

一方、義昭は京を追われたとはいえ、征夷大将軍の職を朝廷に返上したわけではない。義昭は河内から紀州へ転じ、天正四年（一五七六）、毛利家に招かれる形で備後鞆《とも》の津（福山市）に入った。以降、その政権は「鞆幕府」と呼ばれる。鞆幕府は毛利家当主の輝元を副将軍に、信長に従わなかった奉行・奉公衆らを擁していた。また、京都五山（幕府管轄下にある禅宗寺院）の住持を任命するという幕府機構としての体裁も保っていた。毛利家内部では義昭を「将軍」と呼び、幕府の目的が「織田上総介《かずさのすけ》信長御退治」にあったことが、毛利家家臣の手紙から判明している。

南蛮人宣教師のルイス・フロイスは本能寺の変の一年半後、「内裏（天皇）の次位にある日本の君主たる公方様（義昭）」（『イエズス会日本年報』）という表現を用いている。つまり、義昭は京を追われて以降も「公儀」としての威光を失わず、「信長御退治」の目的は光秀によって果たされ、なお幕府の命脈を保っていたのである。したがって、元亀四年（一五七三）七月に室町幕府が〝事実上〟滅びたことに変わりはないとしても、その余命を保っていたといえる。

それでは、室町幕府はいつ滅亡したといったらいいのか。

それに相応しいのは、やはり義昭が将軍職を辞した天正一六年（一五八八）正月一三日だろう。当時、羽柴秀吉は「豊臣」姓をえて関白に就いていて「公儀」としての権威はすでに掌中にあった。関白は「万機に関《あずか》り白《もう》す」官職だが、秀吉はこの関白職をよりワイドに解釈し、「(天皇より)剣を賜り、国を斬り従えている」という主旨の書状を当時の右大臣に送っている。天皇から「天下静謐執行権限」を委任されて国を斬り従えるのは、そもそも征夷大将軍の役目。秀吉は関白に将軍の役割を兼ねさせることに成功したのだ。こうなると義昭も、将軍だといって胸を張ってはいられなくなった。

義昭は秀吉からの働きかけに応じて帰洛し、『公卿補任《くぎょうぶにん》』によると、将軍職を辞した正月一三日に出家して准三后《じゅんさんごう》(太皇太后・皇太后・皇后に準じる位)の待遇をえた。こうして義昭は出家名の昌山を号した。昌山こと義昭は、秀吉からの知行は一万石ながら豊臣政権の中で別格の地位を与えられ、寿命を全うするのである。

謎42 光秀は明知城を守ったのか？

武田信玄この世になく、将軍足利義昭を追放した織田信長は、仇敵である浅井・朝倉勢の壊滅へ注力する。

しかし、信長は一気呵成《いっきかせい》に攻めかかるのではなかった。じわじわと真綿で敵の首を絞めつけ、難攻不落の小谷城を攻め落とそうとした。そのための布石は少しずつ打ってあった。まず信長が考えたのは、小谷の支城群の攻略だ。まず支城の横山城（長浜市）を攻め落とし、羽柴秀吉に横山城の城番を命じた。そして、丹羽長秀らに佐和山城（彦根市）の攻略を命じる。その後も信長は手をゆるめず、小谷の本城の軒先といってもいい虎御前山《とらごぜやま》に砦を築く。『信長公記』によると、元亀三年（一五七二）に普請を開始したという。

光秀もこの間、水軍をだして浅井領内を荒らしまわっている。

こうしてジリジリと信長の攻略の手が小谷城へ伸びてゆくと、鉄の結束を誇った浅井勢に綻《ほころ》びが生じはじめる。信長が義昭を追放した天正元年（一五七三）八月八日、支城の山本山城主阿閉貞征《あつじさだゆき》が離反した。もっとも重要な支城の裏切りに、浅井勢は激しく動揺した。虎御前砦入りした信長はこの機を逃さず一気に小谷城を攻めた。一方、越前の朝倉勢は二万の大軍を率いて浅井勢を後詰しており、北国街道・木之本宿（長浜市）の田上《たがみ》山に陣所をもうけていた。が、形勢不利とみて朝倉勢は若狭方面へ撤兵しようとした。信長はそれを待っていたのである。小谷城を包囲させたまま、信長自身が軍勢を率いて逃げ帰る朝倉勢を追い、朝倉家を滅亡させた。

小谷城もまた水之手道を攻め上がった秀吉らの前に落城。九月一日、長政も小谷城内で自刃する。その間、信長は浅井方の城となっていた高島郡の田中城をも攻め落とし、光秀に与えている。光秀が越前入りして義昭の直臣となる前、籠城していた城である。

ところで、仇敵を退治して「第二次信長包囲網」は解けたかに思えたが、それでも信長の敵はまだまだいた。信玄亡き後も勝頼が武田軍を率い、信長のもっとも身近なところ摂津・大坂には、強敵の石山本願寺と河内の三好勢がいた。ここからはダイジェスト的にそれらの勢力との戦いを信長・光秀の動きを中心に拾っていきたい。

まず信長が浅井・朝倉を討った天正元年の一二月二六日に松永久秀父子が降伏した。松永方の多聞山城（奈良市）は接収され、光秀が預かった。

ところが翌天正二年（一五七四）に入って間もなく、武田勝頼が美濃岩村口の明知城（恵那市）へ大軍を動かしたのである。明知城はその本城である岩村城と近接する。織田方となっていた遠山一族の岩村城は、信長の叔母であるおつやの方が事実上の城主をつとめていたが、信玄が西上した際に武田方の城となっていた。岩村口は信長の勢力圏と武田との接点にあたり、明知城が落城したら、信長の勢力圏は一気に武田の圧力をまともに受けることになる。

明知城にはやはり遠山一族が籠城していたが、武田の大軍の前に命運は断たれようとしていた。信長と信忠の父子は急ぎ救援の兵を挙げた。ところが、明知城は山中にあり、『信長公記』の言葉を借りれば「嶮難《けんなん》・節所《せっしょ》の地」。行軍が遅れ、その間に城内で謀叛が起きて明知城は武田の手に落ちた。信長はやむなく付け城を築き、そこに川尻秀隆《かわじりひでたか》と池田恒興《いけだつねおき》を置き、岐阜へと帰城した（その後、岩村・明知両城は織田方が奪還）。

光秀はのちの長篠の合戦（織田・徳川連合軍と武田軍との一戦）に参加しておらず、光秀は織田軍のいわゆる〝東部戦線〟に積極的に起用されなかったとみられるが（谷口研語『明智光秀浪人出身の外様大名の実像』）、明知城は例外だった。光秀は信長父子とともに明知城へ向け、行軍していた。信長は、地の利がある光秀に助言を期待したのだろうか。ただし、信長の家中には美濃出身者が多く、それくらいの話なら、なにも多聞山城を接収したばかりの光秀の手を借りなくてもいい気がする。この明知城への光秀の出勢には謎が残る。

その後、信長・光秀ともに本願寺や三好勢との戦いに忙殺される。光秀は荒木村重・細川藤孝とともに門徒衆（本願寺信徒）の本拠地大坂石山の本願寺攻略にあたり、信長は信長で伊勢長嶋の一揆勢を殲滅した。翌天正三年（一五七五）、こんどは越前の一向一揆壊滅を目論み、光秀も越前へ出陣した。信長は伊勢長嶋につづき、越前でも老若男女を問わず、四万人を虐殺した。光秀はここでも羽柴秀吉とともに、一揆勢「二千余」を斬り捨て、信長の命を忠実に実行した。

この年の七月、光秀は朝廷より惟任《これとう》（九州の名族の氏名）の姓と日向守の官位をたまわる。織田家そのものを権威づけるために信長が朝廷に進言したものだ。このとき丹羽長秀らも惟住《これずみ》の姓をたまわっている。また、この年、信長は方面軍制を整え、越前一揆の平定で安定した越前の北陸方面軍司令官に柴田勝家を任じた。光秀もこの年に丹波平定を命じられるが、丹波攻略だけにかかずらわってはいられなかった。翌天正四年（一五七六）五月、信長は一揆の総本山である本願寺へ総攻撃をかけたのだ。光秀も参陣するが、司令官だった原田直政を失い、信長みずから後詰の兵を率いて奮戦したものの、失敗に終わった。

ここで面白い男を一人、紹介しておこう。鈴木孫一。通称雑賀孫市。紀伊の雑賀（和歌山市）の地侍集団を束ねる男だ。種子島に伝来した鉄砲は紀ノ川流域にある根来寺《ねごろ》（和歌山県岩出市）に製造法が伝わり、雑賀の鍛冶職人らがその製造にかかわったと考えられる。こうして雑賀衆は戦国の世で「鉄砲衆」としてその名をとどろかせるのである。山科言継の日記によると、織田軍の総攻撃の際、大坂方（本願寺）の「左右の大将」として、「下間刑部卿《しもつま》、さいかの孫一」らが討ち取られたと書かれている。もちろん戦死の情報は誤報だが、本願寺の坊官（幹部）である下間頼廉《らいれん》とともに孫一が大将格とみなされていることが重要だ。当時、そう認識されていたのだろう。

宣教師のルイス・フロイスは、本願寺が「常に雑賀の兵士六、七千人を手許に有する」と書いており、本願寺の主力が雑賀衆だった。そこで信長は根源を断とうとした。孫一らの本拠である雑賀そのものを攻めたのだ。

天正五年（一五七七）二月、信長は一〇万の大軍を催し、山手と浜手の二手にわかれ、雑賀へ攻め入った。ところが羽柴秀吉らの山手勢が小雑賀川（いまの和歌川）を渡ろうとするものの、雑賀衆が川にもうけた柵から鉄砲を撃ちかけてくるため渡河すらできない。光秀らの浜手勢が弾除けの竹束でしのぎつつ、井楼《せいろう》（櫓）を組んで雑賀衆の城を攻めたてたが、不思議なことに信長はそれ以上攻めず、孫一らを赦免《しゃめん》し、軍勢を退かせた。というのも、鞆の浦の将軍義昭が織田軍の背後を突く攪乱《かくらん》戦術を画策していたからだ。もちろん、雑賀衆の予想外の抵抗に信長が警戒した事情もあろう。義昭は、信長が「軍利」を失って退却したと自画自賛しているが、雑賀衆はこののちも本願寺を支え、織田勢を苦しめつづける。つまり、信長は雑賀衆を赦免するという形にして勝利を装っているが、実質には一〇万の織田勢が数千の雑賀衆に追い払われてしまったのだ。

この後も信長は本願寺との戦争をつづけるが、そこに大きな試練が待ち受けていた——。

謎43 信長の上洛ルートから探る光秀との「仲」

琵琶湖の南に逢坂山（標高三二五メートル）という山がある。京から逢坂関を越えて近江に入ると、まず北陸道が別れて琵琶湖西岸を進み、東岸をゆく東海道と東山道もやがて分岐した。古代から戦国時代まで、この逢坂越えの道は主要な街道だった。

将軍足利義昭が槇島城（京都府宇治市）で挙兵した際、信長は逢坂越えで入京している。義昭の追放後、信長は領国内で交通網を整備した。当時の交通網といえば「道」。なかでも志賀越え道、あるいは中山越えと呼ばれる道（「謎36」の地図参照）を重視した。京七口（京の出入口）の一つ、荒神口《こうじんぐち》から北白川を経て田ノ谷《たのたに》峠へ分け入り、琵琶湖西岸の旧錦織《にしこおり》村へ通じる道だ。ちなみに錦織村は、天智天皇が営んだ近江宮があったことで知られる。とくに戦国時代、この志賀越え道は戦略上、重要な道となる。

永禄一三年（一五七〇）三月二〇日の『多聞院日記』に、信長が家臣の森可成に命じて「新路（新道）をこしらへ、これへ上下を通す」と記されている。ちょうど浅井・朝倉が志賀郡に乱入し、「志賀の乱」が勃発する前だ。可成は当時、のちに光秀が預かることになる宇佐山城（大津市）の守将だった。つまり、信長は本格的に領国内の道を整備する前から志賀越え道の重要性に気づいていたことになる。もともとこの道は崇福寺（天智天皇勅願寺）への参詣路として使われていたが、信長は、宇佐山城を築くに際し、街道を監視しやすくするため、その近くを通るルート、すなわち、山中村から田ノ谷峠を抜けて錦織村へ通じる新道を開削したのである。さらに、もともとあった道も広げ、通行しやすくなった。

信長は湖上貿易を制する要地として安土に壮麗な城を築き、天正四年（一五七六）二月に移り住むが、まだ岐阜に居城していた時代、岐阜から東山道（のちの中山道）で佐和山城（もともとは浅井氏の城）まで出て、そこから船で坂本へ入り、あとは陸路で錦織を経て志賀越え道を通って入京していた。安土築城後もしかり。この道は、信長をはじめとする人々が東近江方面と京を往復する際の近道であった。ここで重要なのは、信長の京への道の途次に坂本城が位置していること。光秀は、〝水城〟である坂本に御座船を係留させ、京から坂本城に入った信長を船で安土方面へ送り届けしていた可能性もある。志賀越え道の重要性をわかっていた信長がその中継点となる坂本一帯を光秀に与えたのは、よほどの信頼関係があった証拠ともなろう。この信長の上洛ルートが二人の君臣関係を如実に物語っているといえる。

光秀は足利義昭の京都追放後から丹波攻略に乗り出すまで、村井貞勝とともに京都所司代に就任した。志賀越え道で京とは至近の距離にある坂本の城主だったことも関係していよう。

謎44 荒木村重の裏切りと光秀の密接な関係

天正四年（一五七六）七月、毛利輝元は織田勢に包囲される本願寺へ兵粮を補給しようと、軍艦と兵粮船あわせて七〇〇～八〇〇艘の大船団を大坂湾へ派遣した。その毛利水軍を三〇〇余艘の織田水軍が迎え撃ったものの、小回りの効く毛利水軍に翻弄《ほんろう》され、織田の将兵は「海中へ飛び入り溺死その数を知れず」（『武功夜話』）という大惨敗を喫するのである（第一次木津川沖海戦）。

そもそも信長が大坂の本願寺攻略を最優先していた理由は、毛利が山陽道を駆け上って大坂の本願寺に入るのを阻止したかったからだといわれる。城塞化した本願寺を毛利に使われたくなかったのだ。その毛利は将軍義昭を匿っていた。つまり毛利の武力を背景に、鞆の津の義昭亡命政権が本願寺と通じ、信長の畿内政権転覆を図っていたのだ。これを「第三次信長包囲網」と呼ぶが、そこに新たな敵が加わった。信長から摂津一国を与えられた有岡城（伊丹市）城主荒木村重である。村重の嫡男村次には光秀の娘が嫁ぎ、明智と荒木は親戚どうしだった。まずは簡単に村重という武将の素性を追ってみよう。

『穴織宮拾要記《あやはみやじゅうようき》』によると、栄根村（兵庫県川西市）の住人であった村重は弥助として池田城主・池田勝正の草履取りとなり、やがてその才を買われ、主君勝正の娘婿になるという。豊臣秀吉の出世譚を彷彿とさせる筋書きだ。荒木家はそもそも藤原家の末裔に連なる家柄であり、丹波の波多野氏（次項参照）に起源を持つともいわれる。やがて栄根村に移住して、少なくとも村重の父の代に池田家に仕えたとする史料もある。ただ、その素性が草履取りの弥助であれ、藤原家の家系であれ、村重が池田家に仕えた事実に変わりはない。池田一族になったという話も、元亀元年（一五七〇）ごろの「池田一族連署状」に、村重が二〇名の池田家宿老の一人として署名していることから、事実と考えられる。

ところが同じ年の六月、彼ら宿老が三好勢に呼応し、主君の池田勝正を城から追放し、弟の知正《ともまさ》を当主の座にすえるクーデターが勃発する。主君を追いだした池田衆は翌年の八月、摂津の白井河原（茨木市）で高槻城主・和田惟政、茨木城主・茨木重朝《しげとも》、伊丹城主・伊丹親興《ちかおき》の連合軍と一戦に及び、彼らが大将格の和田惟政らを討ち取って勝利する。一方、彼らに追放された池田勝正は信長に与していた。織田勢が金ヶ崎城（福井県敦賀市）から命からがら京へ逃げ帰ってきたころの話だから、村重らの池田家重臣は織田政権の危うさを肌で感じ取り、三好方への鞍替えを主君に求めたのだろう。ところが勝正に拒絶され、クーデターという挙に打って出たものと思われる。

しかし、信長の勢力が畿内で他を圧倒しはじめると、村重とて信長の軍門に下らざるをえない。元亀四年（一五七三）、将軍義昭が挙兵した際、村重らが擁立した池田知正は義昭に与したが、村重は逆に信長に属することになる。三月二九日、村重が細川藤孝とともに、入洛する信長を京の出入口である逢坂で迎えた話は既述のとおり。

ところが村重は池田勝正につづき、ふたたび主君を裏切る。村重には側室を含めて数名の妻がおり、史料に「たし」「だし」として登場する女性は「一段美人にて、異名《いな》はいまやうきひ（今楊貴妃）と名つけ申候」（『立入左京亮入道隆佐記』）といわれる美女だが、彼女は本願寺坊官・下間頼廉（本願寺顕如の側近）の娘とされる。その縁戚関係から村重が心情的に本願寺へシンパシーを感じていてもおかしくはない。

天正六年（一五七八）一〇月一七日、本願寺顕如は村重へ直々に「本願寺に味方した上は、善悪について相談し、とり計らって参りましょう（中略）信長が相果（滅び）、世の中がどう変わろうとも、（本願寺と荒木家は）湯水のごとく一体同心に変わりがあってはなりません」という手紙を出している。この手紙から、村重が一〇月一七日より前に信長への叛意を固め、本願寺へ内通を申しでていたことがわかる。しかも村重の舅とされる下間頼廉の書状を読むと、毛利輝元の家臣である乃美宗勝《のみむねかつ》・児玉就英《こだまなりひで》と村重の間に事前交渉のあった旨が書かれている。

こうして村重謀叛の裏に毛利の姿が垣間見えることはすなわち、黒幕としての将軍義昭の存在をあぶり出すことを意味する。ところが、いったん裏切る覚悟を決めた村重だが、その気持ちはゆれ動く。

まず、村重謀叛の情報に接した信長の反応である。そのとき信長にしてはめずらしく、すぐさま村重を糾弾《きゅうだん》しようとはしなかった。信長が村重へ宛てた自筆とされる手紙が残されており、信長は村重に「(釈明のため)早々出頭もっともに候」と書き送っている。このように信長が自筆の書状をしたため、謀叛の疑いのかかった家臣に釈明を求めるのは異例のことだといえよう。村重を信頼していたこともあろうが、村重に裏切られたらよほど困る事情があったのだろう。というのも摂津は信長の勢力圏の西に位置し、さらにその西の播磨では三木城(兵庫県三木市)の別所長治《べっしょながはる》がやはり毛利方へ寝返っていたからだ。勢力圏の西側が毛利勢に浸食され、みたび信長の畿内支配に危険信号が灯っていたのだ。

信長が「村重謀叛」の情報に半信半疑だったのは、『信長公記』に「何篇《なんへん》の不足候や」、どこに不満があるのかその存念を申してみよという寛大な態度を示していることからもわかる。そして、信長が村重に釈明を求める使者として選んだのが光秀であった。

村重は、光秀ら使者から心温まる口上を聞き「少しも野心御座なき」(『信長公記』)と答え、その証として「母を人質として安土へ差し出し、村重殿ご自身、安土へ出仕なされよ」という求めにいったんは応じるものの、家臣らの反対にあう。信長が一一月三日に安土を発った後、あらためて光秀らが村重を訪ねるが、むだ足に終わった。

『陰徳太平記』によると、村重は釈明のために安土へ行こうと、山崎に着いた。そこで家老をはじめ、配下の中川瀬兵衛清秀《なかがわせべえきよひで》（茨木城主）・高山右近重友《たかやまうこんしげとも》（高槻城主）ら錚々たる武将らが村重の前に列座し、各自同音に「信長にたとえ許す心があったとしても、（村重の出世を）嫉む輩が信長の近習に多く、安土へ伺候してあとで後悔することになるくらいなら、毛利に味方して籠城するのが上策だ」と諫言《かんげん》したという。

家臣らの懸念もさることながら、この話の黒幕である足利義昭や毛利輝元にしたら、そのまま村重に安土へ行かせるわけにはいかない。村重が重臣らの説得に「この儀、いかがあらん」と案じ悩んでいるところへ、村重の意志を決定づける報告が二回届く。

まず一回は、村重が安土城下の屋敷で情報収集させていた部下からの報告であった。部下は「陰謀明白なるに（安土城中の）御評義決して候」という内容を告げたのである。村重の釈明を聞く前に、すでに信長は容疑を固め、村重が参着したら身柄を取り押さえる手筈《てはず》になっているというのだ。決断するに果断な信長だが、決して信義を重んじる武将ではない。したがって、村重を罠にはめるため使者に甘言を託し、安土へ誘いだす作戦だったとも考えられる。

だが同時に信長は、有能な人材を決して無駄に斬り捨てない武将でもある。信長も、村重が本願寺や将軍義昭にシンパシーを感じていることは十分に承知していたはず。それは光秀や細川藤孝に対しても同様であろう。したがって村重の部下がもたらした情報は、誤報の可能性がきわめて高い。村重の重臣らが懸念したように、信長の近習らが村重の出世を妬み、陥れるために意図して流した情報だったのだろう。しかし『陰徳太平記』によると、それが誤報であると知りながら村重に忠告した疑いのある人物がいた。光秀である。

信長の使者として有岡城で信長の口上を伝えた光秀だが、早馬をもって光秀は「信長卿は、もってのほかの事だとお考えです。安土へ来たら、もはや伊丹へ帰ることはかないません。そのところ、思案なされよ」と村重に伝えたという。村重にとって光秀は嫁の実父であり、信長が寄こした使者の一人でもあった。その光秀に「安土へ来たら、もはや伊丹へ帰ることはかないません」といわれたら、村重も信用せざるをえない。

結局、この光秀の書状が村重の決意を固めることになり、村重は安土へは行かず帰城、本格的な籠城の支度を整える——この筋書きどおりだとすると、光秀が村重の謀反をそそのかした張本人になる。光秀は義昭を見限り、槇島城（京都府宇治市）にこもる義昭を攻めてその追放に加担した。だが、そのことを悔やみ、表面上は信長に忠実を誓っているよう装い、心の底では心服しておらず、陰で「第三次信長包囲網」を支持していたことになる。

ただし、この話の典拠となる『陰徳太平記』は江戸時代に書かれ、誤謬激しく史料的価値はほとんど認められていない。以上の話を鵜呑《うの》みにはできないのだ。

しかしながら――と、筆者の考えも村重と同じくゆれ動かざるをえない。

本能寺の変の後、光秀がこのときの包囲網に加わっていた雑賀衆に対して義昭の意思を「上意」とする手紙を送り、義昭を将軍として認めていたことは既述のとおりだ。信長は光秀に厚遇で報いてきたが、光秀は義昭を追放した負い目を感じつづけていたのかもしれない。そのあたりの光秀の心の中に潜むものの正体は本能寺の変の動機とも関係してくる。

ここでは、村重謀叛の顚末《てんまつ》だけお伝えしておこう。

村重へ釈明を求めた信長だが、村重がその申し出を蹴ったと知り、一一月九日、摂津の山崎に陣を張る。信長が率いるのは四万の大軍。光秀や羽柴秀吉、滝川一益《たきがわかずます》・丹羽長秀といった重臣はむろん、信忠（信長嫡男）や信孝（同三男）・信雄（同次男）らの一族、さらには越後・北陸方面の上杉勢の抑えを任された重臣・柴田勝家の軍勢から前田利家・佐々成政《さっさなりまさ》らも引き抜いて従軍させている。この当時、織田方が動員できる全勢力ともいえる大軍勢であった。信長はまず安満《あま》（茨木市）に本営を置き、村重配下の高槻城主・高山重友の切り崩しにかかる。その後、一二月八日には諸勢が有岡城へ攻撃を開始したが、力攻めはせず、諸所に砦を築くように命じ、信長は天正七年（一五七九）の新年を安土で迎えるため、いったん帰城する。そうして光秀、すでに攻略をはじめていた丹波へと向かわせる。

次に戦局が動くのは九月二日になってから。村重が有岡城を五、六人の供のみを連れ、ひそかに脱出し、尼崎城へ向かうのである。しかし村重は決して、わが身の命欲しさに妻子や家臣らを捨てたのではなかった。村重が尼崎城へ逃れたのち、信長の嫡男信忠は、有岡城を包囲する手勢の半分を尼崎へ差し向け、砦を築いて包囲させている。このとき村重が尼崎城へ密かに逃れたという情報をつかんでいたからこそ、信長は大軍をわざわざ二手にわけたのだ。それこそ村重の策略であった。信長に不利な二面作戦を強いたのである。

ところが本拠本元の有岡城では、信長の重臣滝川一益が荒木方の足軽大将らを調略し、その手引きで総構えをやぶって城内に乱入した。ここに難攻不落を誇った有岡城も落城目前となる。このころ光秀は丹波からまた摂津へ呼びもどされたらしく、村重と縁戚関係だったことから、残された有岡城の城代である荒木久左衛門（村重の旧主・池田知正といわれるが不詳）との交渉にあたっている。ちなみに、このとき村重の嫡男村次に嫁いでいた光秀の長女は返されている（『立入左京亮入道隆佐記』）。

光秀を通じて信長が示した講和条件は、尼崎城と花隈《はなくま》城（神戸市）の明け渡しだった。ここで村重が講和に応じれば、のちの大虐殺は起きなかった。しかし一一月一九日、有岡城の城代から連絡を受けた村重はその講和条件を蹴る。ちょうど尼崎城内には、毛利や本願寺から派遣されている御番衆がいたため、村重は講和に賛成だったのに、彼らに押し切られたという説もある（黒部亨著『ひょうご合戦記　戦国の武将たち』）。いずれにせよ、講和を蹴った時点で有岡城に籠城していた村重の妻子や家臣、さらには彼らの妻子は見捨てられた。翌二〇日、城は織田勢に接収され、一度ならずも二度までも寛大な処分を示したにもかかわらず、意に反した村重一党への信長の怒りが彼女たちに爆発する。かくして史上空前の大虐殺がおこなわれる。

村重のこもる尼崎城近くまで引き出された者らの中には幼な子を抱きかかえる者もいたが、幼な子ごと磔《はりつけ》にされ、その他の者は鉄砲で撃ち殺されるか、槍長刀で刺し殺されたという。また、ほかの者らは農家の中に押しこめられ、草を積まれて焼き殺された。荒木一族の女房どもらは京へ引き立てられ、市中引き回しの末、六条河原で処刑された。

それでは、尼崎城で大虐殺を目にしていたはずの村重はその後、どうなったか。最後まで抵抗したが、尼崎城は落城。花隈城へ逃れて翌天正八年（一五八〇）七月まで織田方の池田恒興らの猛攻に耐えしのぶものの、ついに落城し、村重は毛利を頼って逃走する。

すでにそのころには、村重が頼りにしていた本願寺も信長に降っていた。妻子を捨てた村重だったが、最後は「世の中がどう変わろうとも、湯水のごとく一体同心に変わりがあってはなりません」と誓い合った本願寺顕如に見捨てられ、やがて秀吉の天下になるとその茶頭として秀吉に仕え、「道薫《どうくん》」と号するのである。

謎45 「丹波攻略」は本能寺の変の導火線？

のちに光秀の城となる黒井城（兵庫県丹波市）の赤井直正（荻野《おぎの》直政ともいう）は、「赤井悪右衛門」や「丹波の赤鬼」という異名をもち、丹波国氷上《ひかみ》郡から但馬へ勢力を広げていた。「丹波の赤井」といえば、かなり名の知られた猛将だった。織田信長が将軍義昭を奉じて近畿政権を誕生させていた時代には信長に服していた。

しかし、信長と義昭が袂を分かった後、信長から離反した。当時の常識としては将軍こそが「公儀」だ。地方の武将からみたら、その公儀に逆らった信長こそが〝幕府への謀叛人〟であり、義昭を擁する毛利輝元こそが公儀の保護者となる。同じ理屈は、播磨三木城（兵庫県三木市）で信長に叛旗《はんき》を翻した別所長治にもあてはまる。

とはいえ、当の信長はそんな理屈を容認するわけにはいかない。だから光秀に黒井城を攻めさせたのだが、翌天正四年（一五七六）の正月、こんどは光秀に恭順の意を示していた丹波多紀《たき》郡八上《やかみ》城（兵庫県篠山市）の波多野秀治《はたのひではる》までもが反乱を起こしたのだ。こうして光秀の丹波攻略は苦難の時を迎えたが、ここだけにかかずらってはいられなかった。どれだけ光秀が多忙

丹波および周辺図

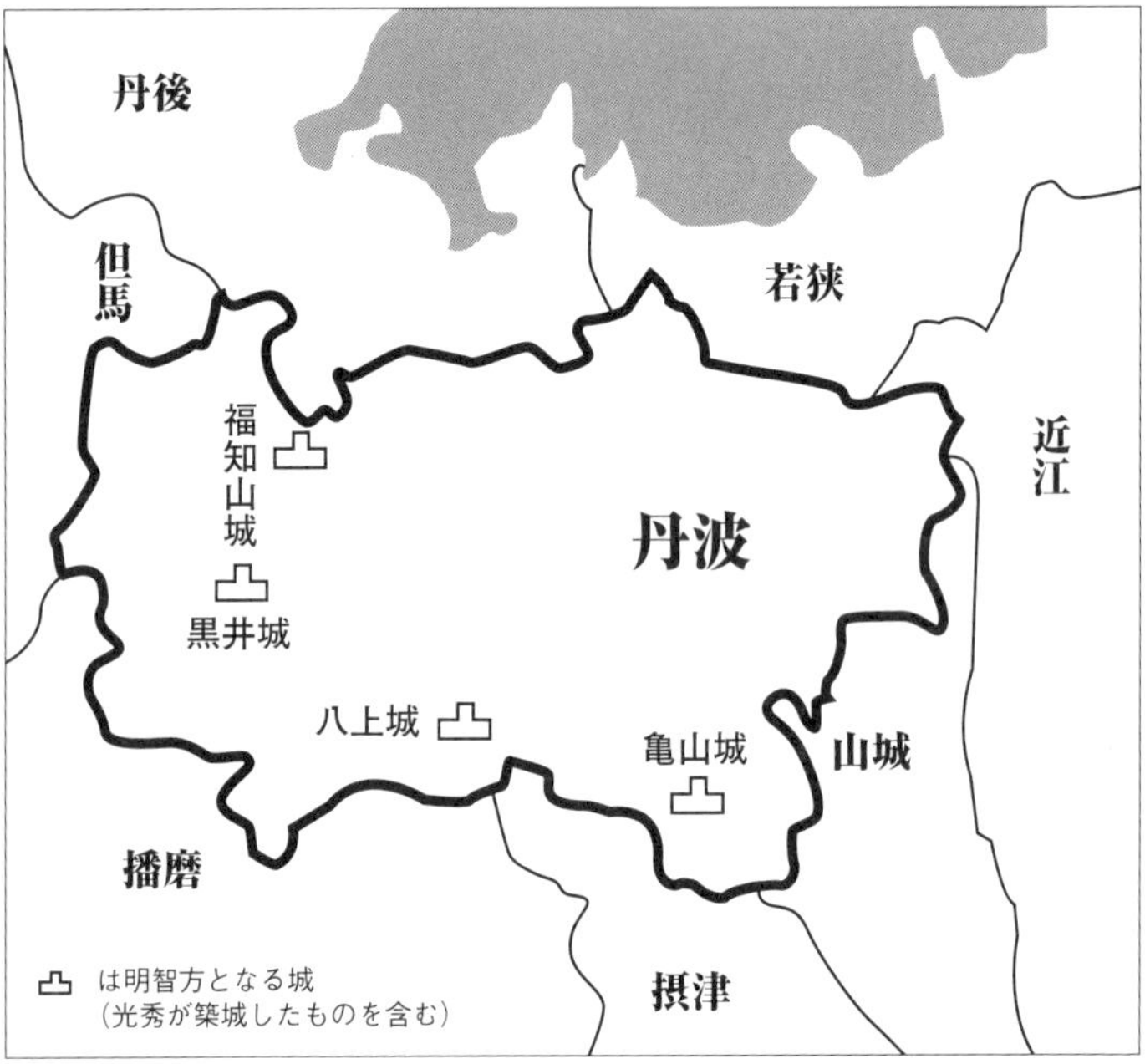

だったのか。丹波平定までの光秀の歩みを時系列的にみていこう。

・**天正四年（一五七六）四月**＝大坂の石山本願寺への総攻撃へ出陣する。寄せ手の将である原田直政が翌月討ち死にし、この総攻撃は失敗に終わった。しかも過労だろうか、陣中にわかに光秀が発病して坂本へ帰る。光秀の病は「風痢」、感染症の胃腸炎だったようだ。その後、正室の煕子が死去する不幸の連鎖がつづいた。

・**天正五年（一五七七）二月**＝雑賀（和歌山市）へ出陣する。

・**同九月〜一〇月**＝松永久秀が「第

三次信長包囲網」に加わって、ふたたび信長を裏切ったため、その居城信貴山城を囲み、落城させる。直後に丹波攻略を再開する。

・**天正六年（一五七八）正月**＝光秀が主人となって坂本城で茶会を催す。

・**同四月**＝大坂へ出陣し、本願寺周辺の麦を刈った後、丹波へ入ったが、毛利勢に包囲された播磨上月《こうづき》城（兵庫県佐用町）救援を命じられ、羽柴秀吉に加勢する。

・**同一〇月**＝長女の嫁ぎ先である摂津の荒木村重が信長に謀叛し、その対応に追われる。

・**同一一月**＝村重の有岡城（伊丹市）攻略へ出陣する。

・**同一二月**＝摂津方面の戦局が落ち着いたのを期に、波多野秀治の八上城攻略をはじめる。

・**天正七年（一五七九）六月**＝八上城を落城させる。

・**同八月**＝黒井城を落城させる。

これだけみても転戦に次ぐ転戦であったことがおわかりいただけよう。

もちろん、丹波攻略のための軍勢を残していたとはいえ、こうした合戦の合間をぬって四年足らずで光秀は丹波を攻略したのである。しかも丹波は山と盆地が入り組み、統治が困難な地域として認められていた。このため信長は、丹波平定後の翌天正八年（一五八〇）重臣の佐久間信盛らを追放した際、「丹波国の日向守（光秀）が働き、天下の面目をほどこし候。次に、羽柴藤吉郎（秀吉）、数ヶ国比類なし（後略）」として、光秀の功績を秀吉よりも上位に挙げ、信盛の怠慢を非難している。

ところが、この丹波攻略がのちの本能寺の変の導火線になったという話がある。八上城の波多野秀治・秀尚兄弟は光秀の調略に応じて降伏した。巷間伝わる話は、光秀が母を人質として差し出すことが降伏の条件だったとする。だが身柄を安土に送られた兄弟は無残にも磔にされる。それを聞いた八上城の城兵は激怒し、光秀の母を殺してしまった。信長に母を見殺しにされたと光秀が恨みに思い、それが本能寺の変を起こす動機になったという。

波多野兄弟が安土で処刑されたのは事実だが、降伏の交換条件として母を人質に差し出したという話は確認できず、事実ではないと考えられる。

謎46 光秀の「軍中法度」とはいかなるものか

丹波を平定した翌々年の天正九年（一五八一）、光秀はみずからの領国が固まったことにより、軍勢の規律や家臣の軍役を明文化する必要を感じたのだろう。「軍中法度《はっと》（法律）」を定めた。その最後に光秀の花押《サイン》が捺《お》され、現存する戦国大名（武将）の軍務・軍役規定として注目されている。正式なネーミングは『明智光秀家中軍法』。興味深いのは、この法度を定めた日付だ。天正九年六月二日。つまり、光秀が本能寺で織田信長を襲うジャスト一年前。もちろん、このときから光秀が信長の誅殺を目論んでいたわけではない。たまたまそうなっただけだ。

光秀の家中軍法は全部で一八箇条からなっている。どのような法度だろうか。

「諸卒は高声と雑談を禁止する」（第一条）

「自分の手勢は前後揃えて進退すべきこと」（第三条）

「武者押しの際に馬に乗った者との距離を隔たってしまうと不意の動きに対応できない。考えなしにそのようなことをしたら、早々に知行を没収する」（第四条）

「陣替えの時に陣取りと号して抜け駆けする士卒を遣わすことは堅く禁止する」（第六条）

「陣夫《じんぷ》の荷物は器物三斗までとする（ただし遠隔地の夫役《ぶやく》は二斗五升とする）。また、その食糧は一人一日八合ずつ領主より下行すべきこと」（第七条）

たとえば、第一条で諸卒の雑談を禁止した後、「鯨波《げいは》（関の声）以下には応ずべき」というように事細かく規律を定めている。

第八条以下は軍役負担（着到定《ちゃくとうさだめ》）についての項目だ。戦国時代、合戦に出す兵の数などは知行高によって決まっている。明智家の場合、「一〇〇石につき六名」などと定められていた。さらに「一五〇石より二〇〇石」などという区分をもうけ、その区分に該当する家臣、たとえば、三〇〇石から四〇〇石取りの場合、「冑《かぶと》一羽・馬一匹・指物三本・鑓三本・幟《のぼり》一本・鉄砲一挺」という軍役が記載されている。この法度で注目されているのはその末尾。そこには軍法を定め置いた光秀自身の考えが示されている。なかでも「瓦礫沈淪《がれきちんりん》の輩《やから》を召し出され、あまつさえ莫太《ばくた》なご人数を預かった上は……」という部分が重要。光秀は自身を瓦礫のような存在と卑下し、そんな自分に信長公は大勢の家臣をお与えくださった……という意味にとれる。「瓦礫沈淪の輩」というのは、じっさいには明智土岐一族にギリギリ引っかかる身分をいったものか。

いずれにせよ、本能寺の変の一年前に書かれた法度からは信長への感謝の気持ちこそ読み取れるものの、悪い感情は一切抱いていないように思える。むろん、公式な法度で主君をコキおろすことなどできないだろうが……。

謎47

信長企画の「世紀の馬揃え」で光秀はディレクター役？

天正七年（一五七九）一一月に摂津の有岡城が落城すると、織田政権を取り巻く環境は一気に好転する。わずかに荒木村重が花隈城（神戸市）で抵抗するものの、摂津が織田方のカードへもどったことによって、毛利方へ寝返っていた隣国播磨の別所長治は逆に孤立する。三木城の攻防戦は〝三木の干殺し〟と呼ばれ、羽柴秀吉軍が城への兵粮の補給路を断ったことが命運をわけたことになっている。明けて天正八年（一五八〇）一月一七日、秀吉が降伏をうながし、長治が受け入れて一族とともに切腹して果てた。

こうなると本願寺も孤立感を強めるばかり。すでに有岡城落城のころより内部では信長との講和の機運が高まっており、朝廷の仲介に期待していた。それは朝廷からの勅使派遣という形で実現した。勅使を受けて門跡の顕如をはじめ重臣らが評定を開くが、このとき「このままでは荒木・別所・波多野のような憂き目をみる」（『信長公記』）と、危機感を強めているのだ。波多野というのは、丹波で信長を裏切り、光秀の調略によって降伏したものの、安土で磔にされた波多野秀治・秀尚兄弟のこと。こうして閏三月には本願寺から信長へ誓紙《せんし》が差し出され、七月二〇日までに、門跡の顕如が紀州鷺宮《さぎのみや》（和歌山市）へ退去する取り決めが交わされる（ただし顕如の子・教如は信長との徹底抗戦を主張し、その後もレジスタンス運動をつづける）。こうして信長と本願寺との一〇年戦争が終結した。

この二年前には上杉謙信が病没しており、いまだ武田勝頼や毛利輝元という難敵を抱えていたものの、信長には久しぶりに穏やかな日々が流れた。こうして天正八年以降、信長の専制的な性格に磨きがかかる。その象徴が佐久間信盛父子の追放劇だった。信盛は以前からの織田家の宿老だったものの、信長は八月一二日、一九ヶ条におよぶ弾劾状を送りつけ、高野山へ追放している。

佐久間父子を追放した理由がいかにも信長らしい。信盛は本願寺に備える天王寺砦（大阪市）の守将であり、本願寺戦争における司令官だったが、「この五年間、何ら功績をあげておらず、世間もそれを不審に思っていた。我々にも思い当たるところがある」と本願寺との一〇年戦争で役に立たなかった点を挙げているのだ。本願寺との戦争が終わり、あらためてその間の罪を持ちだしてきた印象だ。もっというと、本願寺に勝った以上、「もはや、おまえは用済みだ」といっているように聞こえる。

そして、本能寺の変まであと一年半足らずと迫った天正九年（一五八一）一月二八日のこと。信長は、公家や御所の女房衆はもとより天皇まで桟敷《さじき》に招き、御所の東に長大な馬場を築いて、盛大に馬揃えをおこなった。その威信を全国に示すためであった。信長は天皇の御前で軍事パレードを実施したわけだ。前代未聞というべきだろう。

企画立案は信長自身だが、これだけの「世紀のイベント」にはディレクター役が必要となる。そのディレクター、すなわち現場責任者に任命されたのが光秀だった。『信長公記』には正月二三日、光秀に「京都にて御馬揃へなさるべき」旨を「仰せ付けられ」たとある。こうして光秀は一月末から一ヶ月間、この世紀のイベントの準備に忙殺される。翌年の五月、光秀は上方遊覧にやって来た徳川家康の安土での接待饗応役を信長から仰せつかるが、信長は、光秀をイベントのディレクター役にうってつけの人材だとみていたのだ。この馬揃えのために、五畿内隣国の大名・小名・御家人らと天下の駿馬が一堂に集められた。駿馬を集めたのも光秀だろう。

また、光秀も信長も、ディレクターとプロデューサーであるとともに、みずからイベントに出席した。まず当日のパレードの一番初めに丹羽長秀ならびに摂津・若狭衆らが登場。次いで二番には蜂屋頼隆ならびに河内・和泉衆ら、三番目に光秀ならびに大和衆らが登場した。そして、いよいよ信長が登場する。さすがみずから企画立案しただけのことはある。その威容に正親町天皇はわざわざ信長に勅書を下し、「このたびの見物、筆にも言にも尽くしがたく、唐国にもかようの事あるまじく」(『立入左京亮入道隆佐記』)と褒《ほ》めている。

しかし、問題は信長の装束であった。信長は眉を描き、頬甲(頬あて)に錦紗《きんしゃ》を用いていたというのだ。その錦紗は、京・奈良・堺や隣国の珍品の中から選りすぐったもの。これも光秀が苦労して探し出したものだろう。錦紗は中国やインドで帝王が身につける織物だとされ、その頬あての四方には織り止めがつき、真中に人形を見事に織りなしていた。しかも信長にはその帝王の装束ともいえる「錦紗の頬あて」がことのほか、よく似合っていたという。今上《きんじょう》天皇の前で帝王の装束に身をつつみ、いわば「われこそが帝王である」と宣言したのである。

このとき天皇や朝廷にとって、ほかにも信長を苦々しく思う出来事が起きている。信長は天皇から勅書をたまわったことに対して「しからば御官位を仰せ出され候わん」(『立入左京亮入道隆佐記』)と朝廷に申し出たのである。信長の主張を現代流に翻訳すると、「天皇がそれほどよろこんでおられるのなら、言葉(勅書)よりも官位をたまわりたい」ということになる。そして具体的に欲しい官位を「左大臣」だと述べている。かつて右大臣に任官していた信長は、より上位の大臣職を求めたのである。しかし、朝廷の態度は煮《に》え切らなかった。そこで信長は三月五日になってもういちど、馬揃えをおこなう。つまり信長は、馬揃えという行為を朝廷に対する圧力と認識していたことがこの一事で判明する。

朝廷に対しても傍若無人に振る舞い出した信長だが、このときには光秀も、プロデューサーの方針に従う忠実なディレクターの役目をこなしていた。

謎48 信長が光秀との「同伴旅行」でしたこととは？

天正一〇年（一五八二）、織田に通じた木曽義昌《きそよしまさ》を討つべく武田勝頼が出陣するや、武田を討つ口実を探していた信長は「待ってました」とばかり、二月三日、嫡男の信忠を出陣させた。信忠は織田の主力を率い、美濃の岩村口へ向かった。

なんどか書いてきたが、岩村口は織田・武田それぞれの勢力圏の最前線にあたり、攻防を繰り返していた。このころ岩村城（恵那市）は織田方の手中にあった。織田軍は信州伊奈の高遠城を落とし、勝頼の弟の仁科盛信《にしなもりのぶ》を戦死させた。

武田の滅亡はまことにあっけなかった。一族の穴山梅雪《あなやまばいせつ》までが駿河口から武田領内へ攻め入っていた徳川家康へ寝返り、三月三日、勝頼は居城の新府城《しんぷ》（山梨県韮崎市）を捨て、岩殿山城《いわどのやま》（同大月市）をめざしたものの、天目山《てんもくざん》（甲州市）付近で滝川一益に追いつかれ、三月一一日、主従もろとも自害して果てた。こうして武田はあえなく滅亡したのである。

信長が安土を発ったのが三月五日だから、もうそのころ、ほぼ勝負はついていた。よって信長が「関東見物に出かける」と柴田勝家宛てに手紙を出しているとおり、信長の出陣には物見遊山的な性格が強かった。光秀は信長と一緒だった。この軍勢が上諏訪の法花寺《ほっけじ》に着陣した三月一九日は、もう武田が滅亡した後だったが、有名な事件が起きた。

その法花寺の本陣で諸将並み居る中、光秀が「さてもかように目出度いこと（武田滅亡）がありましょうや。われらも年来骨折った甲斐があったというもの……」というや、信長の表情がみるみる曇り、「汝《なんじ》（光秀）はいつどこで骨折り、武功を挙げたと申すのだ。日頃粉骨いたしたのはこの信長ではないか」と激怒し、懸け造《づく》りの欄干に光秀の頭を叩きつけたという。

これが事実なら修羅場以外の何物でもない。この話のネタ元は『祖父物語』という江戸時代の初めの実録集。あくまで伝聞を集めたものだから史料価値は落ちる。ほかの史料でも法花寺で事件が起きたことは確認できるから、何らかの事件はあったのだろうが、この後の信長の光秀への扱いをみていくと、このような理不尽な態度を示したとは考えにくい。

信長は武田滅亡後、信忠を残し、一足早く安土へ帰る。

このとき武田家旧領のうち駿河一国を信長に与えられた家康は、空前絶後とさえいえる大接待をおこなう。甲府を発った信長は駿河・遠江・三河と、家康の領国を通過することになるからだ。家康は、信長が通る道はことごとく道幅を広げ、街道の左右にはびっしりと警護の兵を配置。行路の要所要所に茶屋（休憩所）をもうけ、そこで信長一行を酒肴《しゅこう》でもてなした。宿泊地ではわざわざ陣屋まで普請し、陣屋の周囲に二重三重の柵をもうけた。

家康の心配りは織田軍の将兵に至るまで徹底していた。たとえば足軽らが担ぐ鉄砲が木の枝にひっかかったら歩きにくいと考えた家康は、沿道の木をすべて伐採させている。

信長は四月一〇日に甲府を発ち、その後、遊覧しながら一九日に尾張の清洲城《きよす》（清須市）へ入っているから、日数にして一週間以上、距離にして約三〇〇キロ。とくに富士山西麓にある浅間《せんげん》大社（静岡県富士宮市）の境内に普請された陣屋は、とても一夜限りのものとは思えないほどの金銀をちりばめ、贅《ぜい》を凝らしたもの。また、天竜川には舟橋までかけた。そのために国中の人足が動員され、舟と舟をつなぐ大綱数百本が必要になったという。このほか、信長に饗する食材はすべて京や堺へ人を遣わし、諸国から集めた珍しい品々ばかりであった。

この信長の帰路、光秀も信長に同伴していたのである。駿河・遠江などをめぐる旅行だから、信長と光秀は「同伴旅行」を楽しんでいたことになる。

『当代記』には、光秀に対する信長のこんな気遣いが記載されている。信長が宿泊した土地では「惟任は老人なり」という理由で必ず信長の御座所近くに宿をとらせたというのだ。光秀に何かあれば、すぐ誰かを駆けつけさせることができるという配慮なのだろう。

ただここで「惟任は老人なり」という表現に違和感をおぼえた読者もいるだろう。一般的に光秀は享禄元年（一五二八）生まれとされている。つまり、本能寺の変の年である天正一〇年は五五歳。信長が四九歳だから六歳しか変わらない。光秀が老人だから信長が気を遣ったという説明はおかしいように思える。ところが「謎16」で述べたとおり、『当代記』は、光秀が亡くなったときに「明知歳六十七」という注記を入れている史料である。六七歳なら現代の基準にあわせても高齢者、つまり、「老人」といっていい年だ。

信長が安土へ帰ったのは四月二一日。もちろん信長はこの四〇日ほど後に、同伴旅行を楽しんできた光秀の謀叛にあって殺されるとは夢にも思わなかっただろう。

信長はこの大接待の返礼と称して家康主従を安土へ招く。『兼見卿記』によって、光秀は五月一四日に家康の接待饗応を命じられたことがわかる。家康が安土に到着したのは翌一五日。その二日後の一七日に光秀は接待役を解かれ、中国（毛利）攻略を進める羽柴秀吉の加勢を命じられる。二一日に家康主従は安土を発ち、上方遊覧へでかける。

光秀は坂本城を経て、五月二六日には羽柴勢加勢のための準備として亀山城へ入った。そして五日後の早朝、光秀はこの亀山城から本能寺へ向かうのである。

蜜月の関係にしかみえない主従にいったい何が起きていたのかは、第一章を読んでいただいた方はおわかりのことと思う。

補章

生存伝説を追う！

謎49 江戸時代の史料が語る「関ヶ原へ向かう光秀」の姿

江戸時代の京都町奉行所与力に神沢杜口《かんざわとこう》という好事家《こうずか》がいる。彼は戦国時代のいろんな噂を集めたことで知られる。神沢はその著『翁草《おきなぐさ》』にこんな話を書いている。

「光秀、山崎役（山崎の合戦）後の時、ひそかに逃れて濃州中洞佛光寺《なかぼらぶっこうじ》（岐阜県山県市）に隠れ、姓名を荒須《あらす》又五郎と称し、関ヶ原役（関ケ原の合戦）の時、神君（徳川家康）に属し奉らんと、親類を率いて出《い》でせしが、路次にて川水に溺れて死す」

この生存伝説について説明を加えておくと、山崎の合戦に敗れて勝竜寺城へ逃げ帰った光秀は死を覚悟するものの、荒木山城守行信という家臣が光秀の影武者を買って出る。そのおかげで光秀は無事、故郷の美濃へ帰りつく。光秀は行信の忠節に感謝し、荒木の「荒」をとり、「荒須又五郎」もしくは「荒深《あぶか》小五郎」と名乗った。その後、荒須もしくは荒深こと光秀は、関ヶ原の合戦に東軍方（徳川方）として参じる途中、川の氾濫《はんらん》で馬とともに押し流されて溺死《できし》したという。荒木山城守は実在の人物であり、もともとは丹波八上城（兵庫県篠山市）の城主波多野秀治に仕えていたとされる。『明智軍記』にも、亀山城（京都府亀岡市）から本能寺へ進軍す

小栗栖の明智藪

る光秀本隊の先手衆の一人にその名がある。

もちろん噂であり、伝承にすぎない。ただ、こうした生存伝説が語り継がれる素地はあった。

光秀は夜陰《やいん》にまぎれ、勝竜寺城から坂本城へ帰ろうとする途次、落ち武者狩りの百姓の槍にかかり、命を落とすことになっている。その場所は「明智藪《やぶ》」であったとされ、現在も残っている。首は重臣の溝尾庄兵衛によって埋められるが、掘り返され、三井寺（大津市）まで進軍していた羽柴秀吉に差しだされた。だが、夏のことでもあり、光秀の首は腐敗して誰の首なのかよくわからなかったともいわれる。光秀の首は本能寺に梟首《きょうしゅ》された後、胴体とつなぎ合わされ、重臣の斎藤利三の遺骸《いがい》とともに京の栗田口（東山区）でさらされる。その光秀の首を埋葬したとされる石塔や石碑は粟田口近辺の三条通白川橋端にある。

まず腐敗してはっきり顔相《がんそう》のわからなかったことが光秀生存伝説を生む契機となった。ただ、いくら生死の確認がとれないからといって、歴史上の人物すべてに生存伝説があるわけではない。源義経、西郷隆盛といった、いわゆる〝スター選手〟であることが条件となる。それでは、光秀は〝スター選手〟だったのか。「はじめに」で書いたとおり、どちらかというと光秀は織田信長を弑逆したアンチヒーローだ。しかし、『翁草』が書かれた江戸時代の性格を考える必要がある。徳川の天下はいわば豊臣秀吉の覇権を奪う形で成立している。また、光秀とともに粟田口でさらされた斎藤利三の娘はのちに三代将軍徳川家光の乳母となり、かつ、江戸城大奥の組織を作り上げる春日局《かすがのつぼね》。「アンチ豊臣」を軸に考えると、光秀は決してアンチヒーローとはいえない。

ここでもう一つだけ付記しておきたいことがある。伊賀地方で四月八日の花祭り（釈迦の生誕日）の日に、シャクナゲやツツジなどの花を飾るのは光秀に手向けるためだという。伊賀は天正七年（一五七九）と天正九年の二回にわたり、信長に国土を蹂躙《じゅうりん》された土地（天正伊賀の乱）。よって伊賀の人たちにとって光秀は、そのときの恨みを晴らしてくれた恩人ということになる。

謎50 比叡山延暦寺に残る「光秀灯籠」の謎

比叡山延暦寺は東塔《とうどう》・西塔《さいとう》・横川《よかわ》からなり、大きくいうと横川の境域《けいいき》に含まれる山麓付近に飯室谷《いむろだに》と呼ばれる森閑とした空間が横たわっている。そこには不動堂を中心とした伽藍と塔頭（子院）が広がっている。

飯室谷へ行くには西教寺が起点となる。聖徳太子創建と伝えられ、天台宗の一派である天台真盛宗《しんせいしゅう》の総本山。境内には光秀の妻熙子や明智一族の墓が並び、客殿（重要文化財）は豊臣秀吉が築いた伏見城の旧殿を移したものだ。また、その総門は光秀の坂本城城門の遺構だとされている。その西教寺をすぎると、まばらに見えた民家が消え、道はより狭くなり、山道に入る。やがて道は、鬱蒼《うっそう》と生い茂る木立の中に入ってゆく。しばらくすると、木立の中に少し開けた土地が確認できる。木の間越しに不動堂の堂塔の一部も確認できる。そこが飯室谷。その先にも山道がつづき、横川の中心伽藍へ通じているそうだが、いまは荒れ果て、とても歩けるような道ではない。

飯室谷は千日回峰行《せんにちかいほうぎょう》（比叡山の各峰をめぐる荒行《あらぎょう》）をおこなった阿闍梨《あじゃり》が住《じゅう》していることでも

知られるが、本堂にあたる不動堂や庫裏・地蔵堂・護摩堂・書庫などの堂塔がいくつかあって、境内はかなり広い。かって飯室谷を訪ねた筆者は塔頭の一つに入り、僧侶へ案内を乞《こ》うた。

「事前に取材の約束はしていなかったんですが、明智光秀が江戸時代の初めに寄進した石灯籠が長寿院という塔頭の一つにあると聞いてやって来ました」と事情を説明するや、「ありますよ」と、応対していただいた僧侶はあっさり認めた。どうやら長寿院はいま、飯室谷の庫裏として使われているようだ。しかし、「(光秀寄進の石灯籠は)公開していないんです。したがってお見せできません」

噂が噂を呼び、戦国ファンがその石灯籠目当てに訪ねてくるのだという。

「申し訳ないのですが、大切な文化財ですので。一般公開して傷つけられるようなことになったら取り返しがつきませんから」

ということは——。

「はい。そこには、みなさんが仰る年号と寄進者(光秀)の名が刻まれています。石灯籠そのものも、相当古いものです」

江戸時代に、比叡山の堂塔とその歴代住持の法名《ほうみょう》をあらわした記録がまとめられている。いまでいう「人事興信録」の比叡山版だ。その中の「横河(川)堂舎ならびに各坊世譜《せふ》」の項をくくると、「飯室谷分」として「長寿院」の記載がある。そこに「第《だい》二《に》世《せい》法《ほう》印《いん》権《ごんの》大《だい》僧《そう》都《ず》是《ぜ》春《しゅん》」

と書かれている。長寿院の二代目の住持の法名だ。その是春法印の「俗名《ぞくみょう》」が「光秀」である。長寿院に光秀寄進の石灯籠があり、二代目住持の俗名が光秀なのだ。光秀は織田信長に坂本城を与えられ、焼き討ちの前に周辺の村を「撫で斬り」にし、その後も比叡山の監視にあたってきた。よって、そのことを悔い、山崎の合戦後も生き延びた光秀が比叡山の僧になって余生を供養することに捧げた――という伝説が生まれるのだ。

「横河（川）堂舎ならびに各坊世譜《せふ》」には是春法印が逝去《せいきょ》した年も書かれている。元和八年（一六二二）九月二五日。豊臣秀吉はおろか、徳川家康もこの世にいない。光秀の生年を通説の享禄元年（一五二八）だとしても、享年九五歳。もっとも生年が早い永正一三年（一五一六）説を採用すると、享年一〇七歳という驚異的な長寿を全うしたことになる。この伝説を信じるかどうかは読者の判断に委ねたいが、あと一つ、前半生が不明な天台僧の天海《てんかい》大僧正（家康の参謀）を光秀だとする伝説との関連でいうと、同じ天台僧という共通点がでて、より興味深い話になる。

ちなみに天海の生年は天文五年（一五三六）説が有力になっている。家康の七回忌弔問のため、朝廷から派遣された公家の小槻孝亮《おづきたかすけ》が日記（『日次記《ひなみき》』）に導師を務めた天海の年齢を「今年九十七歳」としており、そこから計算すると、天海の享年は一〇八歳となる。光秀の永正一三年生まれ説をとった場合、享年がきわめて天海に近づくことを付記して本稿を終えたい。

【参考文献】 ※文中で紹介した文献を含む（順不同）

谷口克広著『検証　本能寺の変』（吉川弘文館）／岩井三四二著『とまどい本能寺の変』（ＰＨＰ研究所）／谷口研語著『明智光秀　浪人出身の外様大名の実像』（洋泉社）／田端泰子著「明智光秀出自の謎を解く」（『歴史読本』二〇一四年六月号）／小和田哲男著『明智光秀　つくられた「謀叛人」』（ＰＨＰ研究所）／橋場日明著『明智光秀　残虐と謀略』（祥伝社）／久保尚文著「和田惟政関係文書について」（『京都市歴史資料館紀要』創刊号）／奥野高広著「織田信長と浅井長政との握手」（『日本歴史』一九六九年一月号）／松田毅一・川崎桃太訳『フロイス日本史』（中央公論新社）／村上直次郎訳『イエズス会日本年報』（雄松堂書店）／遠藤珠紀著「織田信長子息と武田信玄息女の婚姻」（『論集戦国大名と国衆20』岩田書院）／田端泰子著「明智光秀の親族・家臣団と本能寺の変」（『女性歴史文化研究所紀要』二〇一〇年号）／小和田哲男編『浅井長政のすべて』（新人物往来社）／中井均著「光秀の城」（『歴史読本』二〇一四年六月号）／藤田達生著『証言　本能寺の変』（八木書店）／黒部亨著『ひょうご合戦記　戦国の武将たち』（神戸新聞総合出版センター）／「徹底追跡！　明智光秀の生涯」（『歴史読本』二〇一四年六月号）／桐野作人著「新発見！「本能寺の変」三日前の光秀」（『歴史読本』二〇〇七年八月号）／田中秀隆著「本能寺の変と茶会」（『尾陽　徳川美術館論集』1号）／明智憲三郎著『本能寺の変四二七年目の真実』（プレジデント社）／鴨川達夫著「元亀年間の武田信玄――「打倒信長」までのあゆみ」（『東京大学史料編纂所紀要』二〇一一年三月号）／辻大悟著『信長の笑み　光秀の涙』（双葉社）／遠藤珠紀著「武田信玄への三通の綸旨」（『戦国史研究』二〇一二年八月号）／足利健亮著『地理から見た　信長・秀吉・家康の戦略』（創元社）／橋本章著「戦国武将の民俗誌」（『朱雀：京都文化博物館研究紀要』二〇一五年号）／栗原加奈夫著「本能寺の変をめぐる明智光秀の動向」（別冊宝島『戦国史を動かした武将の書簡』二〇一六年）／安部龍太郎著『信長はなぜ葬られたのか』（幻冬舎）／高橋裕史著「イエズス会は日本征服を狙っていたのか？」（『歴史読本』二〇一一年七月号）／橋場日月著「再考　明智光秀の山崎合戦」（『歴史群像』二〇一八年六月号）／藤田達生著「美濃加茂市民ミュージアム所蔵（天正十年）六月十二日付明智光秀書状」（『織豊期研究』二〇一七年一〇月号）

●著者略歴

跡部　蛮（あとべ　ばん）

歴史研究家・博士（文学）

1960年大阪市生まれ。立命館大学卒。佛教大学大学院文学研究科（日本史学専攻）博士後期課程修了。出版社勤務などを経てフリーの著述業に入る。古代から鎌倉・戦国・江戸・幕末維新に至る日本史全般でさまざまな新説を発表している。主な著書に『超真説 世界史から解読する日本史の謎』『戦国武将の収支決算書』『幕末維新おもしろミステリー50』（いずれもビジネス社）、『「道」で謎解き合戦秘史 信長・秀吉・家康の天下取り』『秀吉ではなく家康を「天下人」にした黒田官兵衛』『古地図で謎解き 江戸東京「まち」の歴史』『信長は光秀に「本能寺で家康を討て！」と命じていた』（いずれも双葉社）ほか多数。

写真提供／akg-images. アフロ

信長を殺した男　明智光秀の真実

2019年5月1日　　第1刷発行

著　者　跡部　蛮

発行者　唐津　隆

発行所　株式会社ビジネス社

〒162-0805 東京都新宿区矢来町114番地
神楽坂高橋ビル5階
電話 03(5227)1602　FAX 03(5227)1603
http://www.business-sha.co.jp

カバー印刷・本文印刷・製本/半七写真印刷工業株式会社
〈カバーデザイン〉中村聡
〈本文DTP〉茂呂田剛（エムアンドケイ）
〈編集担当〉本田朋子　〈営業担当〉山口健志

ISBN978-4-8284-2100-1

ビジネス社の本

戦国武将の収支決算書

信長は本当に革命児だったのか

跡部蛮……著

定価　本体1000円＋税
ISBN978-4-8284-1808-7

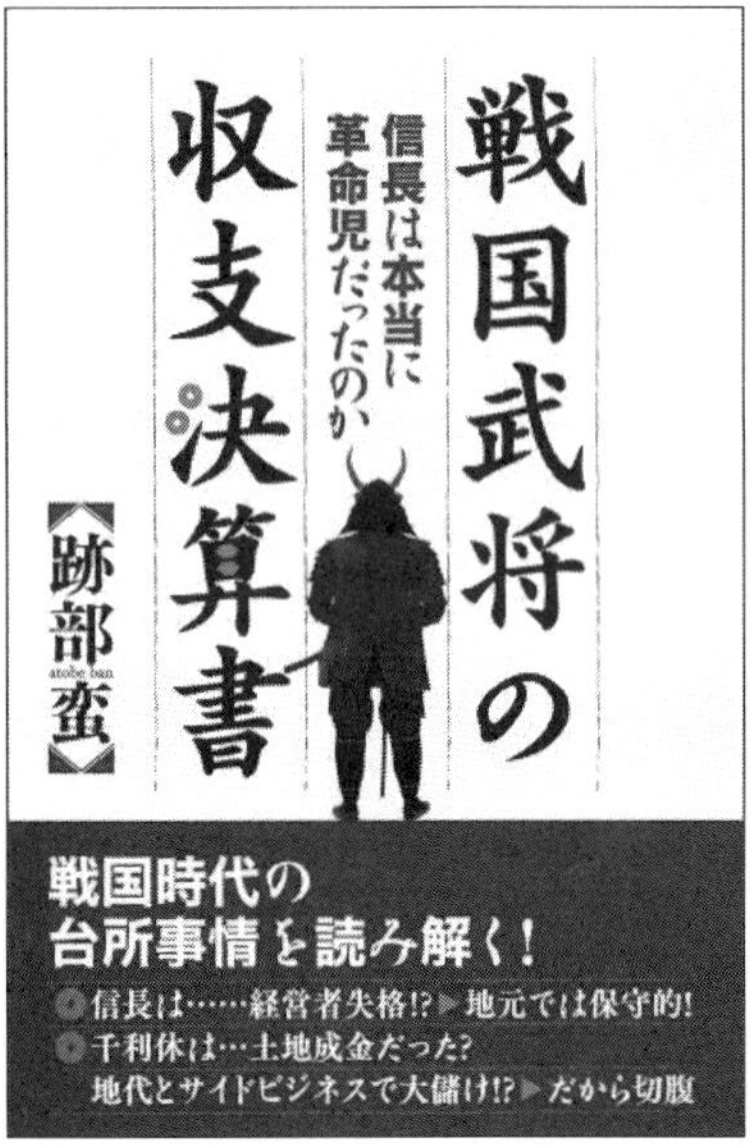

織田信長は実は経済オンチだった!?

政治では革命児とも呼ばれていた信長。しかし経済の視点から見ると〝やや革新的〟という位置付けだった。有名武将や史実の知っているようで知らない、戦国時代の「台所事情」に注目した新しい歴史書！政治史で書かれてきたこれまでの一般書と比べて、戦国時代そのものの経済はどういったものであったのか。

本書の内容

第1章　戦国時代の台所事情
第2章　本当に「織田信長」は革命児だったのか？
第3章　戦国武将の「お家の経営」ノウハウ